Benz

Das geschenkte Universum

Arnold Benz

Das geschenkte Universum

Astrophysik und Schöpfung

Simowa Verlag

Impressum

Die bibliografische Information der Deutschen Nationalbibliografie ist über www.dnb.de abrufbar.

4., unveränderter Nachdruck • 2025
3., aktualisierter Nachdruck • 2018
2. Auflage Patmos Verlag GmbH & Co. KG, Düsseldorf • 2010
1. Auflage Patmos Verlag GmbH & Co. KG, Düsseldorf • 2009

Verlag: Simowa Verlag AG, Bern
Umschlaggestaltung: init . Büro für Gestaltung, Bielefeld
Umschlagmotiv: © NASA/JPL-Coltech/Corbis
Gestaltungsanpassungen: Stephan Cuber, diaphan gestaltung

ISBN 978-3-908152-51-4

Bei Fragen zur Produktsicherheit
Hersteller: Stämpfli Verlag AG, Wölflistrasse 1, CH-3001 Bern, verlag@staempfli.ch, staempflisachbuch.ch
Importeur EU: Brockhaus Commission GmbH, Kreidlerstrasse 9, DE-70806 Kornwestheim, gpsr@brocom.de, brocom.de

Printed in Germany

Für Elisabeth zur Erinnerung an die Zeit,
die uns geschenkt wurde.

Zum Geleit

»Im Anfang schuf Gott Himmel und Erde.« Der erste Satz der Bibel ist für viele Menschen unverständlich geworden. Das Universum ist nach modernen naturwissenschaftlichen Erkenntnissen dreimal so alt wie die Erde, und noch heute entstehen Sterne. In den vergangenen Jahren hat die Astrophysik viel über die Entstehung der Himmelskörper gelernt. Ich stelle hier die faszinierenden neuen Erkenntnisse vor und befrage sie aus der Perspektive des menschlichen Daseins.

Der Ausgangspunkt ist die Astrophysik, eine Wissenschaft aus Beobachtungen und theoretischen Erklärungen mit viel Mathematik. Vom Standpunkt der menschlichen Lebenserfahrungen aus sind die kosmischen Vorgänge und die einzelnen Erklärungen nicht wichtig. Sie bilden vielmehr den Hintergrund für ein allgemeines Verständnis der Welt und der modernen Naturwissenschaften.

Ohne Formeln und ohne die Details zu verstehen, sprechen die neuen Erkenntnissen auch Nicht-Physiker an. Die unvorstellbare Weite, die Vielfalt und raffinierte Komplexität, aber auch der Reichtum an Beziehungen und die allgegenwärtige kosmische Vernetzung regen zum Staunen an. Die Dynamik des Universums hat jedoch ihre Schattenseiten: der Zerfall aller Dinge. Dies schließt auch unsere eigene Existenz ein und ruft nach Orientierung. Staunen, Erschrecken und Deuten bilden denn die drei Teile dieses Buches.

Schöpfungsgeschichten wollen nicht in erster Linie kosmische Gegebenheiten erklären, sondern grundlegende Werte und Orientierung vermitteln. Zwar distanziert sich Genesis 1 von den babylonischen Mythen, die mit Erde und Sternen Gottheiten verbanden. Und doch wird eine Geschichte erzählt, in der Erde, Sterne, Tiere und Menschen am Anfang entstanden und sich seither nicht wesentlich verändert haben. Dies entspricht nicht mehr den heutigen Vorstellungen, gemäß denen alle Dinge im Universum erst im Laufe der Zeit und auf natürliche Weise entstanden. Diese neue Sicht lässt insbesondere die Frage nach dem Verhältnis von Gott und Welt offen. Wenn heute noch Schöpfung geschieht, müsste man dann nicht den Schöpfer am Werk sehen? Heute werden zwar moderne Gebete und Psalmen geschrieben, aber keine neuen

Schöpfungsgeschichten. Warum von Schöpfung sprechen im heutigen Weltbild?

Die verschiedenartigen Wahrnehmungen, welche den Naturwissenschaften und der Theologie zugrunde liegen, und ihr Verhältnis zueinander stehen im Zentrum dieses Buches. Damit kommt eine Wirklichkeit in den Blick, welche die Naturwissenschaften nicht wahrnehmen.

Inhalt

Prolog

Der Entschluss, Astronom zu werden, reifte in Afrika. Zu dritt waren wir mit einem alten Fiat Topolino südlich von Ouarzazate Richtung Sahara unterwegs. Stunde um Stunde zog sich eine schwarze Teerpiste scheinbar ziellos durch die flimmernde, gewellte Steinwüste. Es war Hochsommer und Schulferienzeit. Ein Jahr vor dem Abschluss des Gymnasiums standen meine beiden Kollegen und ich vor der Berufswahl. Ohne Ende redeten, stritten und palaverten wir über unsere Ziele und Aussichten, über die Welt, über Gott und das Ganze. Haben wir eine Aufgabe? Welche Ziele sind sinnvoll? Was ist der Sinn unseres Lebens, der Menschheit und des Universums? Die Zukunft lag breit vor uns wie die südlichen Ausläufer des Atlasgebirges, die wir im grellen Licht der prallen Sonne Richtung Sahara durchfuhren. Die Straße schien endlos.

Am Straßenrand waren gelegentlich schmucklose Lehmhäuser in die Landschaft eingepasst. Die Herberge schien noch aus der Zeit der Karawanen zu stammen. Was uns als Zimmer angeboten wurde, war ein leerer Raum ohne Betten. So beschlossen wir, stattdessen unter freiem Himmel zu übernachten. Wir fuhren weiter in der menschenleeren Gegend, bis die Sonne hinter dem Horizont verschwand und uns die Nacht überraschte. Auf einer Anhöhe hielten wir an, jeder suchte sich einen sandigen Platz zwischen den Steinen und hüllte sich in seinen Schlafsack.

Ich liege etwas abseits meiner Gefährten. Es wird angenehm kühl, der Druck der Hitze weicht, die am Tag das Leben zu einem dumpfen Leiden macht. Eine unglaubliche Ruhe breitet sich aus. Es ist still, kein Zivilisationslärm, keine Tiere, kein Säuseln der Luft, nichts. Die Nacht öffnet den Himmel und enthüllt eine fremdartige, überwältigende Sternenpracht. Die Milchstraße zieht sich von Norden bis Süden quer über den Himmel. Weil die Luft völlig klar ist, funkeln die Sterne kaum und glänzen intensiv. Ich weiß, dass man mit bloßem Auge nur einige tausend Sterne zählen kann. Die unzähligen schwachen Sterne, die Gruppen bilden und sich zu Nebeln häufen, lassen aber unschwer ahnen, dass es millionenmal mehr sein müssen.

Der Himmel lebt. Er erscheint mir nicht mehr als Kugeloberfläche. Die hellen Sterne geben den Anschein näher zu sein und diffuse Sternnebel

weiter entfernt. Der Weltraum bekommt eine Tiefendimension. Das Sternenband der Milchstraße wird unterbrochen durch geheimnisvolle dunkle Stellen. Sie lassen die Sterne davor und daneben noch prächtiger leuchten. Je dunkler der Schleier, desto mehr Sterne. Alles scheint miteinander verflochten und ein Ganzes zu bilden.
Enthält die unergründliche Tiefe des Weltalls ein Geheimnis, das mit den Geheimnissen meines Bewusstseins und meines Lebens zu tun hat? Es ist die große Frage nach unserem Dasein und dem Kern der materiellen und geistigen Welt. Ich merke, wie mich das Universum anzieht. Auf dem Weg in die Sahara nimmt mich die Faszination einer anderen Reise, ins Unerforschte des Universums, voll in Beschlag. So wenig wie die Sahara wird das Universum auszuloten sein.
Die Erforschung der Natur mit den Methoden der Physik interessierte mich schon vor dem Gymnasium. Aber die trockene Rationalität des Schulfachs hatte mich bisher zögern lassen. Die Nacht in der Sahara regt meinen Durst nach mehr Wissen an und macht mich gewiss, dass dieses Wissen das Staunen in uns nicht unweigerlich absterben lässt. Im Staunen begegnet uns eine ganz andere Wirklichkeit, die nicht in Konkurrenz zur Physik steht. Im Gegenteil: Die Faszination der still und geheimnisvoll leuchtenden Sterne und die Aussicht auf vielversprechende neue Forschungsmethoden ziehen mich gleichermaßen in ihren Bann.

Ich entscheide mich in dieser Wüstennacht, Astrophysik zu studieren.

Abbildung 1: *Von links oben nach rechts unten im Bild verläuft die Milchstraße, wie man sie mit bloßem Auge am südlichen Himmel sieht. Mittendrin und etwas näher als die meisten Sterne liegen Dutzende von Dunkelwolken. Das Zentrum der Milchstraße befindet sich etwas unterhalb der Mitte. Rechts davon gegen den Bildrand hin liegen die nur 400–450 Lichtjahre entfernten fingerförmigen Molekülwolken im Sternbild des Schlangenträgers (Foto: Todd Hargis).*

Erster Teil
Werden und Staunen

Der Stoff, aus dem wir bestehen

Wolken im Weltall

In einer mondlosen Nacht sind Planeten und nahe Sterne die augenfälligsten Erscheinungen am Himmel. Mit etwas Übung und besonders am Himmel in der südlichen Hemisphäre sind auch Sternhaufen und interstellare Dunkelwolken leicht auszumachen. Sie alle sind miteinander direkt verbunden, denn genau in solchen Wolken entstehen Sternhaufen, also auch Sterne und Planeten wie Sonne und Erde. Es ist eine spannende Geschichte, wie es zu dieser Erkenntnis kam. Dass sich Sterne in interstellaren Gaswolken bilden, wurde zwar schon lange vermutet, aber selbst die größten Teleskope konnten dies nicht enthüllen.
Kleinste Staubkörner schweben an vielen Orten im All und vermindern das Licht, je dichter die Staubkörnchen und je länger die verstaubte Strecke. Die Körnchen sind lose Gebilde aus Kohlenstoff und Silikaten, weniger als ein tausendstel Millimeter groß. In Dunkelwolken ist der Staub im Verhältnis zum gewöhnlichen interstellaren Raum millionenfach konzentriert. Trotzdem findet man darin nur etwa ein Stäubchen im Volumen eines Wohnzimmers. Man soll sich daher Dunkelwolken nicht als schmutzige Hinterzimmer vorstellen. In den besten Reinräumen der Produktionshallen von Computerchips schwebt der Staub hundertmal dichter. Nun sind aber diese Wolken derart groß, dass selbst die wenigen Staubkörnchen sich über die lange Distanz aufaddieren und das Licht vollständig absorbieren. Kein noch so schwacher Glanz von Sternen dringt nach außen. Sobald sich das interstellare Gas und die darin enthaltenen Staubkörner zu einer Wolke zusammenballen, geht der Vorhang diskret zu. Die Geburt der Sterne entzieht sich unseren Blicken.
Aber nicht ganz: Die moderne Technik macht es möglich, Licht in anderen Wellenlängen zu beobachten, als unsere Augen sehen können. Für Wellenlängen, welche die Größe der Staubkörner übertreffen, sind die Dunkelwolken durchlässig. Als es in den 1960er Jahren möglich wurde, Wellen mit Längen von Millimetern zu empfangen, stellten die Astronomen erstaunt fest, dass aus diesen Wolken Signale von Molekülen entweichen. Bis zu dieser Zeit dachten die Astronomen bei Molekülen vor allem

an die Atmosphären von Planeten. Es war völlig unerklärlich, wie Moleküle im interstellaren Raum entstehen können. Mit den Jahren wurde es klar, dass die Moleküle nicht nur existieren, sondern sogar die Hauptrolle in Dunkelwolken spielen. Diese bestehen vor allem aus einem Gas von Molekülen, und der Staub hat nur einen Anteil von etwa einem Prozent an der Masse einer Wolke. Daher spricht man heute von Molekülwolken. Nicht nur der Staub ist darin angereichert, auch das molekulare Gas ist millionenfach dichter als in der Umgebung. Das weitaus häufigste Molekül, das Wasserstoffmolekül, besteht aus zwei Wasserstoffatomen und hat die Form einer kleinen Hantel der Größe von drei Atomradien. Das Molekül bewegt sich infolge seiner thermischen Energie mit einigen hundert Metern pro Sekunde durch den Raum.

Handelt es sich wirklich um Wolken zwischen den Sternen? Sind es auch nicht einfach große Gewitterwolken, so gibt es aber durchaus einige äußerliche Ähnlichkeiten zwischen interstellaren und irdischen Wolken. Wolken in der Erdatmosphäre enthalten ebenfalls Gas sowie kleine Partikel, fest gefroren oder flüssig, welche das Licht absorbieren. Irdische Wolken sind weiß, wenn sie das Sonnenlicht anstrahlt. Nachts hingegen, wenn auch der Mond nicht scheint, wirken sie dunkel gegen das Sternenlicht. Natürlich, es gibt den Größenunterschied von etwa einer Billiarde (eine Eins gefolgt von fünfzehn Nullen, 10^{15}) zwischen irdischen und interstellaren Wolken. Kosmische Wolken haben Durchmesser von einigen hundert Lichtjahren. Mit Lichtgeschwindigkeit (300 000 Kilometer pro Sekunde) würde es demnach einige hundert Jahre brauchen, um eine Wolke zu durchfliegen. Die Temperatur ist tiefer als minus 200 Grad Celsius, und das Gas ist weniger dicht als das beste Vakuum in irdischen Laboratorien. Dennoch würde die Masse ausreichen, um Tausende, wenn nicht Millionen von Sonnen zu bilden.

Der größte Unterschied zu Erdwolken ist die Unregelmäßigkeit. In den interstellaren Wolken fliegen die Fetzen. Wolkenteile bewegen sich mit Überschallgeschwindigkeit und bilden Schockwellen, wenn sie aufeinanderstoßen. Es gibt Dichteunterschiede von mehreren Zehnerpotenzen. Ultraviolett-Strahlung von Nachbarsternen heizt die Wolke und lässt an der Oberfläche den Staub verdampfen. Ausgebrannte, massereiche Sterne in der Wolke explodieren als Supernova und bilden blasenförmige Hohlräume. Magnetfelder übertragen Wellen von einem Ende ans andere. Aber das Wichtigste: Molekülwolken bergen ein Geheimnis. Sterne und Planeten entstehen in ihnen, und es ist bei weitem nicht klar, wie das vor sich geht.

Frühere Vorstellungen über die Sternentstehung

Am Anfang schien alles sehr einfach. Als sich Isaac Newton (1643–1727) Gedanken darüber machte, wie die Sonne und andere Sterne entstehen konnten, ging er von der kosmischen Wirkung der Schwerkraft aus. So wie die Erde einen Apfel anzieht, bis er schließlich vom Baum fällt, so ziehen sich auch die Himmelskörper und Gaswolken an. Wäre nun die Materie im unendlichen Raum ursprünglich gasförmig gewesen, hätten zufällige Schwankungen in der Dichte lokale Unterschiede in der Schwerkraft gebildet. An Orten mit leicht erhöhter Schwerkraft hätte sich, so Newton, das Gas zusammenziehen und einzelne Sterne bilden können.[1] Typisch für Newton und die Physik nach ihm ist die Abfolge von Ursache und Wirkung. Ursache ist eine Kraft, hier die Gravitation, und ihre Wirkung ist eine beschleunigte Bewegung. Natur ist nicht Anarchie, sondern folgt einer Ordnung, die sich mit mathematischen Gleichungen beschreiben lässt. Newtons revolutionäre Erkenntnis war, dass im Kosmos die gleichen Regeln gelten wie auf der Erde.

Newtons Spekulation stand in einem größeren Zusammenhang.[2] Er ging noch ganz von der Vorstellung aus, dass Sterne unbeweglich im Raum stehen. Der Name »Fixstern« ist zwar heute selten geworden, kündet aber von jenem Weltbild aus der Antike und dem Mittelalter, das noch nicht von den unglaublich großen Geschwindigkeiten der Sterne wusste. Die Bewegungen waren damals wegen ihrer großen Entfernung noch nicht beobachtbar. Für Newton waren Sterne zwar unbeweglich, aber bereits nicht mehr an einer Himmelssphäre fixiert, sondern im Raum verteilt. Er wurde von einem jungen Theologen, Richard Bentley, angefragt, warum die Sterne, die sich gegenseitig infolge der Schwerkraft anziehen, nicht zu einem größeren Objekt zusammenfallen. Galt in der Entfernung der Sterne das Gesetz der Gravitation nicht mehr? Newton war die Universalität seiner Theorie betreffend nicht zum Nachgeben bereit und spekulierte, dass die Sterne in einem unendlichen Raum so gleichmäßig verteilt seien, dass sich die Anziehung zwischen den Massen gegenseitig aufhebe. Allerdings musste Newton zugeben, dass dies eine enorme Präzision verlange. Die kleinste Abweichung würde zur Katastrophe führen.

In der zweiten Hälfte des 17. Jahrhunderts bezogen solche Diskussionen weitere Hintergründe ein. Eigentlich war es Bentleys Frage, ob Gott eine so perfekte Welt erschaffen habe, dass er ihr den Rücken kehren und sie sich selber überlassen konnte. Durch Bentleys Fragen herausgefordert, suchte Newton nach Antworten, um seine Gravitationstheorie zu verteidigen. Typisch für ihn: Er suchte die Antwort in der Natur selbst. Mit Daten aus Sternkatalogen wies er nach, dass die Sterne in der Umgebung der Sonne in der Tat ungefähr gleichmäßig verteilt sind. Doch für die Stabilität der Sterne bezüglich der gegenseitigen Anziehung konnte er keine physikalische Lösung finden. Er postulierte – ebenfalls typisch für ihn und seine Zeit – dass Gott von Zeit zu Zeit eingreife und den Kollaps verhindere, indem er die Sterne wieder an ihren angestammten Platz zurückschiebe. Gott hatte in Newtons Weltbild nicht nur die Aufgabe des Uhrmachers, der am Anfang das kosmische Wunderwerk schuf, sondern auch des dringend notwendigen Servicemonteurs, der es am Laufen hielt. Newton vermutete Gott nicht in der Gravitation, aber im unergründlichen Geheimnis hinter der Gravitation und anderen Kräften. »In Ihm sind alle Dinge enthalten und in Ihm bewegen sie sich.«[3] Er erweiterte die Idee der göttlichen Fürsorge von der Ebene menschlicher Lebenserfahrung in kosmische Dimensionen. Somit revidierte er das damals verbreitete Paradigma des Universums als eines von Gott für immer und ewig erschaffenen Uhrwerks um ein entscheidendes Element: Gott als Erhalter der Welt.

Newtons Gottesbild eines Welterhalters und aktiven Weltenlenkers stieß beim berühmten deutschen Philosophen Gottfried Wilhelm Leibniz (1646–1716) auf vehemente Kritik. Warum sollte Gott in seiner Allmacht nicht ein Universum erschaffen können, das keinen Unterhalt braucht? Leibniz gehörte geistig einer älteren Generation an, die noch geprägt war durch Gedankenfiguren aus der Antike und dem Mittelalter. In dieser Tradition galt Gott als Inbegriff von Allmacht und Allwissenheit. Allerdings war dieser Begriff eines unendlich fernen und am Gegenwartsgeschehen unbeteiligten Gottes dem Untergang geweiht. Es ist nicht erstaunlich, dass der moderne Atheismus in dieser zweiten Hälfte des 17. Jahrhunderts erstmals philosophisch ausformuliert wurde. Der Atheismus zu jener Zeit war im Grunde agnostisch.[4] Ein Gott, der zwar vor langer Zeit das Universum erschaffen hatte, aber im Leben keine Rolle spielte, ist letztlich unwichtig und kann ohne Schaden beiseitegelegt werden. Newtons Erklärungsversuch zur Stabilisierung des Universums überlebte nicht lange. Sobald die Gravitation im frühen 18. Jahrhundert zu einer rein physikalischen Kraft wurde, verlor die Idee eines »handgreiflichen« Gottes an Attraktivität. Newtons Vorgehen hingegen, die Natur selbst zu befragen, ist noch heute die Methode der neuen Naturwissenschaften. Das wollen auch wir in unserem Bericht über die Entstehung von Sternen und Planeten tun.

Die Vorstellungen haben sich in den vergangenen dreihundert Jahren dank neuer Beobachtungsmethoden einschneidend verändert. Die Grundidee von Newton, dass sich Sterne aus dem interstellaren Gas durch Selbstgravitation bilden, ist zwar noch immer aktuell. Sie wird aber der heute bekannten Komplexität der Vorgänge nicht gerecht. Nicht nur die Schwerkraft ist wichtig, fast die ganze Physik von magnetischen bis zu nuklearen Kräften und selbst die Chemie des interstellaren Gases wirken mit. Sterne, insbesondere solche in ihrer Anfangsphase, sind keine unveränderlichen Kugeln, sondern dynamische Vorgänge, in denen sich Materie ansammelt, in Scheiben zu rotieren beginnt, sich chemisch verändert und zum Teil wieder ausgeworfen wird. Vielleicht die wichtigste Erkenntnis: Wenn sich Sterne bilden, ist die ganze Vorgeschichte seit dem Beginn des Universums von Belang. Dies weist auf kosmosweite Zusammenhänge, die wir noch lange nicht alle verstehen. Treten wir hinaus und machen wir eine Reise, um uns diese Dinge näher anzuschauen!

Ein Streifzug in unsere kosmische Umgebung

Der Raum zwischen den Sternen ist nicht ganz leer. Es gibt dort Atome, Moleküle, Elementarteilchen und feine Staubpartikel. Die Unterschiede von Ort zu Ort sind immens. Sie unterscheiden sich um viele Zehnerpotenzen in Dichte und Temperatur. Selbst der Zustand der Materie ist verschieden und geht von Staub und molekularem Gas nahe beim absoluten Nullpunkt der Temperatur (-273 Grad Celsius) über atomares Gas mit einigen tausend Grad bis zu ionisiertem Gas mit Millionen von Grad, das vor allem aus Elektronen und Protonen besteht. Das Sonnensystem und die allernächsten Sterne sind von einem siebentausend Grad heißen Gas umgeben. In einem Würfel von zwei Zentimeter Kantenlänge befinden sich durchschnittlich nur zwei Atome oder Atomkerne. Das Gas ist gleichwohl etwa zehnmal dichter als die Umgebung. Man nennt es den »Lokalen Flaum« (Local Fluff). Die Sonne mit ihren kreisenden Planeten befindet sich nahe am Rand dieser langgestreckten Struktur. Der Lokale Flaum ist fünfundzwanzig Lichtjahre lang und zwischen fünf und zehn Lichtjahre breit. Die Breite entspricht etwa dem zehntausendfachen Durchmesser des Sonnensystems bis zum Planeten Neptun. Das Sonnensystem fliegt mit 26 Kilometern pro Sekunde durch diese kleine interstellare Wolke. Weltraumsonden spüren das Gas des Lokalen Flaums auf, wie es zwischen den Planeten vorbeiströmt. Die verblüffend hohe Temperatur

Abbildung 2: *Der Orion-Nebel in rund 1500 Lichtjahren Entfernung füllt fast das ganze Sternbild. Das Bild zeigt einen Ausschnitt unterhalb der drei Gürtelsterne. In der Mitte beleuchtet eine Gruppe von jungen, hellen Sternen das Gas im Umkreis von 10 Lichtjahren. Auf diesem Hintergrund kann man dunkle Molekülwolken erkennen (Foto: M. Robberto u. a., NASA, ESA).*

birgt übrigens keine Gefahr auf interplanetaren Reisen, weil die wenigen Atome pro Kubikzentimeter die vielen Atome in der Hülle eines Raumschiffs nicht zu erwärmen vermögen. Auch andere bekannte Nachbarsterne, wie Alpha Centauri, Wega und Altair, bewegen sich in derselben Wolke. Die Sonne ist eben erst eingetaucht und wird 200 000 Jahre brauchen, um den Lokalen Flaum zu durchqueren.
Der Lokale Flaum schwebt wie eine Daune in einem noch viel heißeren Gas, der »Lokalen Blase« (Local Bubble) mit einer Temperatur von einer halben Million Grad. Auch dieses Gas kann uns nichts anhaben. Öffnete ein Astronaut in der Lokalen Blase eine leere Literflasche, würden durchschnittlich nur zehn Atome darin Platz nehmen. Die Lokale Blase mit einem Radius von 150 Lichtjahren muss vor einigen zehn Millionen Jahren durch Supernovae in der Nähe des Sonnensystems entstanden sein. Warme und heiße Gebiete von der Art des Lokalen Flaums und der Lokalen Blase machen den weitaus größten Teil des Raumes in unserer Gegend der Milchstraße, unserer Galaxie, aus.
In diesen unvorstellbar großen Räumen gibt es zwar viele Sterne, aber das interstellare Gas mit seiner hohen Temperatur und sehr geringen Dichte kann keine neuen Sterne bilden. Sterne entstehen in einer dritten Zustandsform des interstellaren Gases, in den bereits erwähnten *Molekülwolken* (Dunkelwolken). Diese beanspruchen nur ein Prozent des Volumens, aber ein volles Drittel der Masse des lokalen interstellaren Gases in der Milchstraße. Molekülwolken müssen folglich sehr dicht sein. Die Moleküle in einem Gas stoßen gegeneinander und werden zum Rotieren und Schwingen angeregt. Sie sind dann in einem höheren Energiezustand und geben diese Energie nach einer Weile in Form einer elektromagnetischen Welle wieder von sich. In einem Bereich von Wellenlängen kleiner als ein Mikrometer nehmen unsere Augen diese Wellen als optisches Licht wahr. Im Infrarot sind die Wellenlängen größer und die Strahlung ist intensiver. Ihre Stärke nimmt zu bis zu einer Wellenlänge von fast einem Millimeter. Da ein dichtes Gas auf diese Weise viel seiner Wärme in den Weltraum abstrahlt, kühlt es sich ab. Bei tiefen Temperaturen besteht das Gas zum größten Teil aus Molekülen, und diese wiederum bestehen zu 99,99 Prozent aus molekularem Wasserstoff und atomarem Helium.
Hier gibt es ein subtiles Problem im Bereich von Molekülen, das uns später noch beschäftigen wird und große Auswirkungen auf die Wolken hat: Bei niedrigen Temperaturen sind Stöße schwach und bringen Moleküle nur zum Rotieren. Für alle anderen Strahlungsursachen, wie zum Beispiel Schwingungen, reicht die Energie in den kalten Wolken nicht. Ausgerech-

net das häufigste Molekül, das Wasserstoffmolekül, und Helium werden jedoch bei niedrigen Temperaturen nur ungenügend angeregt, sodass sie überhaupt nicht zum Leuchten kommen. Daher sind Wasserstoffmoleküle in Wolken nicht beobachtbar, und sie tragen nichts zur Abkühlung bei, ohne die keine Sterne entstehen. Aus diesem Grund sind auch viel weniger häufige Moleküle wichtig, wie Kohlenmonoxid, Kohlendioxid, Wasserdampf, Methanol und Ammoniak. Sie strahlen ihre Rotationsenergie in Form von Infrarot- und Millimeterwellen ab.

Der Staub der Wolken schützt die zerbrechlichen Moleküle in diesen dunklen, kalten Winkeln unserer Galaxie vor hochenergetischen Strahlen und der Wärmestrahlung benachbarter Sterne. Ultraviolett- und Röntgenstrahlung von bereits entstandenen Sternen in der Nachbarschaft würden Moleküle aufbrechen und sie zerstören. Ohne Staub gäbe es keine Moleküle, ohne Moleküle keine Sterne und Planeten. Der interstellare Staub entstand im Wind von Sternen früherer Generationen. Wir werden diesen Winden noch näher begegnen, wenn wir auf die Endphase von Sternen detaillierter eingehen. Es gibt im Universum ein Geflecht von kausalen Zusammenhängen. Aber wie entstand der erste Stern – im frühen Universum ohne Staub und Moleküle? Eine Antwort auf diese Frage werden wir später geben.

Glücklicherweise sind Molekülwolken transparent für Infrarot- und Millimeterwellen, genau für jene Wellenlängen, in denen kalte Moleküle strahlen. Nur können unsere Augen diese Wellen nicht sehen. Unsere Netzhaut ist an das Sonnenlicht angepasst, das im optischen Bereich sein Maximum hat, und aus diesem Grund können wir auch nachts die sonnenähnlichen Sterne sehen. Einige Lebewesen, wie zum Beispiel Schlangen, haben Augen, welche die Wärmestrahlung von warmblütigen Tieren im Infrarot sehen. Wenn sie den Nachthimmel anschauen, sehen sie nur wenig von den Sternen, dafür die riesigen Molekülwolken, einige so groß wie die Hand am ausgestreckten Arm. Seit zwei Jahrzehnten können auch Menschen diese Strahlung mit immer besseren Teleskopen beobachten. Viele Dinge im Alltag, wie bestimmte Vögel, Blumen oder Autos, erkennen wir an ihrer Farbe. So hat auch jedes Molekül seine charakteristische Farbe, sogenannte Spektrallinien, die Informationen über Dichte, Bewegung, chemische Zusammensetzung und Temperatur des Gases und des Staubes enthalten.

Die uns nächsten Molekülwolken liegen im Sternbild des Schlangenträgers, 370 Lichtjahre von uns entfernt. Dort entstehen Dutzende von Sternen. Erste Anzeichen eines werdenden Sternes sind runde Gebilde mit hoher Dichte, sogenannte *Wolkenkerne*. Sie haben einen Durchmesser von etwa einem Lichtjahr, ein Viertel der Distanz von der Sonne bis zum nächsten Stern. Je dichter ein Gas, desto besser kann es seine Wärme abstrahlen. Daher sind diese Regionen bis zu minus 266 Grad Celsius kalt, nur 7 Grad über dem absoluten Nullpunkt. Bei dieser Kälte frieren alle Moleküle außer Wasserstoff aus und lagern sich auf den Staubkörnern an. Diese werden dadurch wie Schneeflocken von einem Eismantel umgeben. Er besteht zunächst aus einem Gemisch der verschiedenen Moleküle und Atome, wie sie im Gas der Molekülwolken vorkommen. Die Stauboberfläche wirkt dann über die Jahrtausende wie ein Katalysator und ermöglicht Reaktionen, die im Gas nicht stattfinden könnten. Neue Moleküle entstehen. So kann es geschehen, dass sich ein einzelnes Sauerstoffatom mit zwei Wasserstoffatomen zu einem Wassermolekül (H_2O) zusammenfindet. Das meiste Wasser heute auf der Erde entstand im Mantel von interstellarem Staub vor 4,567 Milliarden Jahren, als sich der solare Urnebel langsam herausbildete.

Rationalität der Natur

Warum fallen interstellare Molekülwolken unter ihrer eigenen Schwere nicht zusammen, wie es Newton postulierte? Die Masse aller Moleküle in den Wolken übersteigt jene der Sonne um das Hundert- bis Millionenfache. Würde eine solche Wolke zusammenfallen, entstünde kein Stern mit möglichen Planeten, sondern ein Schwarzes Loch,[5] aus dem kein Licht entweichen könnte. Die Kollapszeit von Molekülwolken wäre weniger als eine Million Jahre, und damit viel kürzer als das Alter unserer Galaxie. Würden die Wolken einfach kollabieren, gäbe es in unserer Galaxie schon lange keine Materie mehr für neue Sterne. Newtons Vorstellung von interstellaren Wolken war zu stark von irdischen Wolken geprägt. Er wusste nicht, dass Molekülwolken ständig in chaotischer Bewegung sind. Wolkenteile bewegen sich in allen Richtungen, schießen aneinander vorbei und fallen nicht einfach zusammen. In einer statischen Wolke, wie sie sich Newton vorstellte, wäre die Schwerkraft gegen das Zentrum gerichtet. Die gegenseitige Anziehung der verschiedenen Wolkenteile geht jedoch in einem Tohuwabohu von Bewegungen unter.

Chaos stabilisiert die Molekülwolken, wenn auch nicht vollständig. Die Turbulenz gibt Molekülwolken eine Lebenszeit von einigen zehn Millionen Jahren. In dieser Zeit bilden sich an bestimmten Stellen in der Wolke

lokale Verdichtungen, die ungefähr die Masse der Sonne aufweisen, die Wolkenkerne. Infolge der ungeordneten Wirbelströmungen teilt sich eine Wolke in Hunderte von Komponenten auf. Computersimulationsrechnungen zeigen, dass sich zufällige Dichtekonzentrationen zu Wolkenkernen verstärken, aus denen, wie wir später sehen werden, schließlich Sterne entstehen. Während das turbulente Chaos der Klumpen die Molekülwolke stabilisiert, lässt es auch zu, dass lokal – in kleinen, dichten Gebieten – Neues entsteht. Während der Lebenszeit einer Molekülwolke werden höchstens 10 Prozent ihrer Materie in Sterne umgesetzt.[6] Dann wird die Strahlung der jungen Sterne so stark, dass der Staub verdampft, die Moleküle aufbrechen und Sternwinde die Wolke auseinanderreißen. Der Rest der Wolke verliert sich in den Weiten unserer Galaxie. Das Alte vergeht, es entstand etwas Neues und tritt an seine Stelle: ein Sternhaufen.
Newtons Stabilitätsproblem hat eine rationale Erklärung gefunden in der Dynamik der Molekülwolken. Beim genaueren Hinsehen entpuppt sich die Wirklichkeit anders als die besten Vorstellungen und als erstaunlich vielfältiger. Die Komplexität hat ihren Grund: Es spielen viele Prozesse und verschiedene Teile in das Geschehen hinein. Was an einem Ort in der Molekülwolke passiert, hat einen Einfluss an den anderen Orten. Je nach den Umständen verhindert der erste Stern vielleicht das Entstehen eines weiteren Sternes an einer bestimmten Stelle und fördert es an einer anderen. Sterne entstehen nicht isoliert. Schon bei ihrer Entstehung sind sie vernetzt mit einer Umgebung von Hunderten von Lichtjahren. Von den vielen Vorgängen, die ineinandergreifen, damit ein Stern entsteht, werden wir im nächsten Kapitel einige beispielhaft herausstellen. Bemerkenswert ist: Newtons Hypothese, dass Gott dort zu finden ist, wo unser Verstehen aufhört, hat sich nicht bestätigt.
Wir wissen nicht, wie Molekülwolken entstehen. Sie bilden sich vermutlich, wenn die Dichte von Wasserstoffatomen und Staub im interstellaren Raum aus irgendeinem Grund etwas höher ist. Es gibt rund 6000 riesige Molekülwolken in unserer Galaxie, in jeder sind Tausende bis Millionen von Sternen im Stadium des Entstehens. In weniger als 10 Millionen Jahren verschwinden die Wolken wieder und neue entstehen. Was in den Molekülwolken vor sich geht, verstehen wir ebenfalls noch nicht vollständig, und je mehr wir verstehen, desto mehr Unbekanntes erscheint. Die Brutstätte der Sterne bleibt im Grunde rätselhaft wie vor Jahrhunderten. Das rationale Erforschen der Vorgänge hat sie nicht enträtselt, nur die Grenze unseres Wissens verschoben. Wenn ich im Gewirr einer dunklen Molekülwolke bläulich funkelnde junge Sterne umgeben von heißem röt-

lichen Gas sehe, spricht mich nicht nur das Unbekannte und Rätselhafte an. Noch mehr staune ich über die Vielfalt und Zweckmäßigkeit der uns bekannten Vorgänge, die Neues entstehen lassen. Rationalität behindert das Staunen nicht.

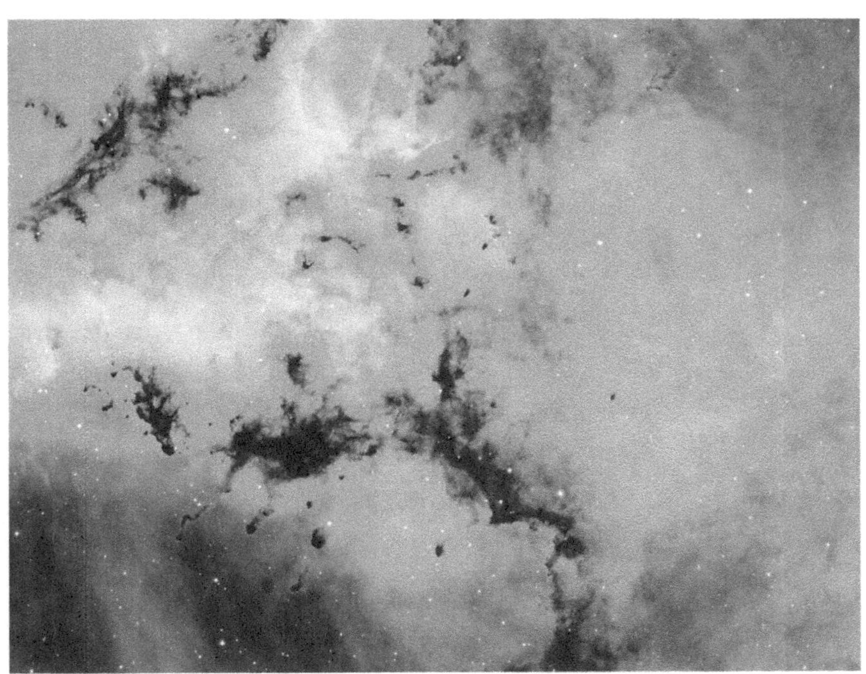

Abbildung 3: *Dunkle Molekülwolken im Rosettennebel, dreitausend Lichtjahre entfernt, sind von einem zehntausend Grad heißen, leuchtenden Gas umgeben. In den Molekülwolken sind neue Sterne am Entstehen (Foto: N. Wright, UCL, IPHAS collaboration).*

Wenn Sterne und Planeten entstehen

Das vorangehende Kapitel veranschaulichte, wie sich in riesigen Molekülwolken kugelförmige Kerne aus Gas und Staub bilden. Ihre Massen übertreffen jene der Sonne. Wolkenkerne kühlen ab und kontrahieren, langsam, aber unabwendbar. Wenn das Gas dichter und der Radius kleiner werden, steigt die Schwerkraft. Sie wächst schneller als der Gasdruck, der ihr entgegensteht. Irgendwann überschreitet die Schwerkraft den Schwellwert, bei dem der Gasdruck der wachsenden Anziehung nicht mehr standhalten kann. Der Wolkenkern fällt unter seiner eigenen Schwerkraft in sich zusammen. Der Kollaps beginnt im innersten Teil, und es dauert einige hunderttausend Jahre, bis die Bewegung die äußeren Regionen erreicht. Die Geschwindigkeit steigert sich wie bei einem Apfel, der im freien Fall vom Baum fällt, und erreicht einige zehn Kilometer pro Sekunde.

Akkretionsscheiben

Man könnte nun denken, dass kugelrunde Wolkenkerne nur noch unter ihrer eigenen Schwerkraft zusammenfallen müssten, damit ein Stern entstehe. Weit gefehlt! Die Drehbewegung einer interstellaren Wolke ist nicht genau null. Am äußeren Rand ist die Umlaufzeit um das Zentrum der Milchstraße langsamer als am innern Rand. Die Wolke dreht sich, wie wenn sie auf ihrer Kreisbahn um das galaktische Zentrum rückwärts rollte. Daneben hat sie wahrscheinlich aus ihrer Entstehung auch noch einen gewissen Drall. Die Wolkenkerne wiederum sind noch unruhiger, da sie eine wilde Entstehungsgeschichte hinter sich haben. Kollabiert nun ein Wolkenkern, bleibt sein Drehimpuls[7] erhalten. Je mehr sich Materie zusammenzieht, desto schneller muss sie rotieren. Das bekannteste Beispiel ist eine Eiskunstläuferin, die mit ausgestreckten Armen zu einer Pirouette auf der Schlittschuhspitze ausholt. Wenn sie sich dreht und nun die Arme anzieht, wirbelt sie immer schneller herum, weil der Drehimpuls erhalten bleibt. Ein typischer Wolkenkern dreht sich einmal in einer Million Jahren um sich selbst. Fiele er zu einem Stern zusammen, würde

sich dieser schneller als einmal pro Sekunde drehen! Das ist nicht möglich. Die Zentrifugalkraft an seiner Oberfläche wäre viel größer als die Schwerkraft, und der Stern würde auseinandergerissen.
Der Kollaps führt also nicht zu einem Stern. Die Kontraktion endet vielmehr mit einer schnell rotierenden Scheibe, wobei sich Zentrifugalkraft und Schwerkraft ausbalancieren. Der Durchmesser der Scheibe beträgt typischerweise tausendmal die Distanz Erde-Sonne, und ist immerhin hundertmal kleiner als die Dimension des ursprünglichen Wolkenkerns. Die Scheibendicke nimmt nach außen zu und beträgt ungefähr ein Zehntel des Radius. Man nennt diese rotierenden Gebilde Akkretionsscheiben (lat. accresco = anwachsen), weil sich darin die Materie ansammelt, die im freien Fall zusammenfällt, wenn der Wolkenkern instabil wird.

Warum kreisen Planeten?

Pierre Simon Laplace (1749–1827) machte auf das Problem der Drehimpulserhaltung aufmerksam und entwickelte daraus eine Theorie zur Erklärung der Planeten. Sie ist die erste mathematisch durchdachte Theorie der Entstehung des Sonnensystems. Laplace ging von einem Urnebel aus, der wie eine Atmosphäre die Sonne umgab. Weil sich der Nebel abkühlte, schrumpfte er, und weil der Drehimpuls erhalten blieb, rotierte der Nebel immer schneller. Dadurch flachte sich die Atmosphäre zu einer Scheibe ab. Die Fliehkraft wurde immer größer. Am äußeren Scheibenrand wog sie schließlich die Schwerkraft der Sonne auf, sodass sich ein Gasring vom Nebel löste, der ohne weitere Kontraktion kreiste. Nach einer Weile wiederholte sich der Vorgang, bis die Sonnenatmosphäre auf ihre heutige Größe schrumpfte. In den Ringen verdichtete sich die Materie zu Klumpen, wie das Immanuel Kant (1724–1804) schon 50 Jahre vor Laplace vorgeschlagen hatte. In jedem Gasring, so Laplace, war eine Verdichtung dominant und lagerte sich kleinere Nachbarn an. Sie wuchs zum Planeten. Weil der Gasring um die Sonne kreiste, musste dies mit gleicher Geschwindigkeit auch der Planet tun. Dieser zog weiteres Gas an, und nun geschah dasselbe nochmals im kleineren Maßstab. Es bildeten sich kleinere Körper, die den Planeten umkreisten und sich zu seinen Monden vereinten. Das restliche Gas blieb schließlich übrig als Planetenatmosphäre.
Die Theorie von Laplace wurde zu seiner Zeit stark beachtet. Kaiser Napoleon ließ ihn zu sich kommen. Diese Szene ist aus einer Anekdote bekannt, die Victor Hugo überliefert hat.[8] Napoleon stellte ihn zur Rede, wie

er die ganze Schöpfung erkläre, ohne je von Gott zu reden. Laplace gab die berühmte Antwort: »Sire, je n'avais pas besoin de cette hypothèse.«[9] Anscheinend ging Laplace davon aus, dass er nun alle Erklärungslücken geschlossen habe. Die Aussage hatte eine für die damalige Zeit besondere Brisanz, widersprach sie doch den Vorstellungen eines Gottes, der wie ein Uhrmacher die Welt vor dem Anfang der Zeit erschuf und dessen Tätigkeit unerklärbare Lücken hinterlassen haben müsste.

Aber auch das Modell von Laplace ließ selbst für seine Zeitgenossen noch mindestens eine Frage offen: Wenn eine interstellare Wolke kontrahiert und als rotierende Scheibe ins Gleichgewicht kommt, kann diese nicht weiter zu einem Stern schrumpfen. Sie müsste genau wie ein Planet oder der Ring des Saturns – so warf James C. Maxwell (1831–1879) später ein – für immer kreisen. Die Erhaltung des Drehimpulses kann zwar erklären, wie sich kreisende Planeten bilden, verhindert aber die Entstehung von Sternen. Es schien keinen Grund zu geben, warum die Akkretionsscheibe zu einem Stern kontrahieren konnte. Warum blieb der Drehimpuls der Planeten konstant, jener der Sonnenmaterie aber ging verloren? Die Kant-Laplace-Theorie konnte das Entstehen der Planeten erklären, nicht aber wie die Sonne und andere Sterne aus dem Gas einer Akkretionsscheibe entstanden sind. Der Kritikpunkt war so überzeugend, dass sich gegen Ende des 19. Jahrhunderts eine andere Hypothese in den Vordergrund drängte, die Idee einer Streifkollision mit einem anderen Stern, bei der die Planeten herausgeschleudert wurden.[10] Heute wissen wir, dass Sternkollisionen äußerst selten sind. In unserer immerhin rund 13 Milliarden Jahre alten Milchstraße mit rund drei hundert Milliarden Sternen ist dies erst etwa hundert Einzelsternen wie der Sonne passiert.

Lange Zeit blieb die Entwicklung von Akkretionsscheiben zu Sternen völlig rätselhaft. Die heutige Astrophysik hat erst in den 1960er Jahren begonnen, die Ideen von Kant und Laplace weiter zu entwickeln. Seit zwanzig Jahren sind zwei reelle Möglichkeiten bekannt und zum Teil beobachtet worden, wie eine Akkretionsscheibe Drall abgeben und somit weiter schrumpfen kann.

Zunächst eine Zwischenbemerkung zur Wahrheit von naturwissenschaftlichen Theorien: Hat sich die Nebularhypothese von Kant und Laplace bewahrheitet? Gewiss hat sie sich gegen die Kollisionshypothese durchgesetzt. Von Wahrheit zu sprechen wäre jedoch zu viel. Naturwissenschaftliche Theorien sind nicht wahr oder falsch, sondern gut oder schlecht. Eine gute Theorie kann viele Beobachtungen erklären und regt zu neuen Messungen an, an denen sie geprüft werden kann. Die Nebularhypothese hielt diesen Prüfungen im Großen und Ganzen stand. Die Kollisionshypothese hingegen wurde nicht bestätigt. Es stellte sich zum Beispiel heraus, dass Sonne und Planeten nicht die gleiche chemische Zusammensetzung haben. Die Sonne besteht vor allem aus Wasserstoff, die Erde hingegen aus Sauerstoff, Silizium und Eisen. Das war mit chemischer Trennung in der Akkretionsscheibe leicht zu erklären, hätte aber eine komplizierte Erweiterung der Kollisionstheorie erfordert. Die Kollisionshypothese war nicht völlig falsch, wenn auch mit sehr großer Wahrscheinlichkeit nicht auf die Sonne anwendbar. Es zeigte sich nämlich, dass in kompakten Sternhaufen, den sogenannten Kugelsternhaufen, Sternkollisionen tatsächlich eine Rolle spielen. Der Vorgang wird heute mit numerischen Simulationen in großen Computernetzwerken modelliert. Wenn Sterne in Kollisionen auseinandergerissen werden, treten interessante Phänomene auf, aber es bilden sich keine erdähnlichen Planeten. Damit ist die Kollisionshypothese zur Entstehung des Sonnensystems endgültig vom Tisch.

Andrerseits ist die Laplacesche Theorie des schrumpfenden Urnebels längst überholt. Wolkenkerne, zum Beispiel, schrumpfen nicht, sondern kollabieren im freien Fall. Trotzdem war es die bessere Theorie, denn sie führte in Richtung Wahrheit. Wahr ist eine Aussage, wenn sie mit dem Sachverhalt übereinstimmt. Stimmte eine naturwissenschaftliche Theorie mit der Gesamtheit aller möglichen Messungen vollständig überein, würden wir sie wahr nennen. Messungen und Beobachtungen, wie sie in Molekülwolken und an entstehenden Sternen gemacht werden, können jedoch nicht der vollständige Sachverhalt sein, weil wir nie alles messen können. Wir kennen nur jenen Teil der Wirklichkeit, den wir beobachtet haben. Daher führt die naturwissenschaftliche Methode zu adäquaten Beschreibungen der mit ihr fassbaren Wirklichkeit, aber nie zu einer wahren Theorie. Theorien sind menschliche Konstrukte und nicht beweisbar. Oft sind sie nur mit einem Teil der Beobachtungen verträglich. Trotz unvollständiger und mangelhafter Daten einigt sich eine Mehrheit der Fachleute meistens auf eine Theorie. Der Grund ist keine geheime Abmachung, sondern die überwältigende Evidenz der Beobachtungsbefunde. Man darf Theorien in ihrer Vorläufigkeit nicht unterschätzen. Dank guter Theorien kann eine Raumsonde zu einem Kometen fliegen und mit Bodenproben zurückkehren.

Das Szenario der Stern- und Planetenentstehung aus Molekülwolken wird heute unter Fachleuten allgemein akzeptiert. Wie dies im Detail vor

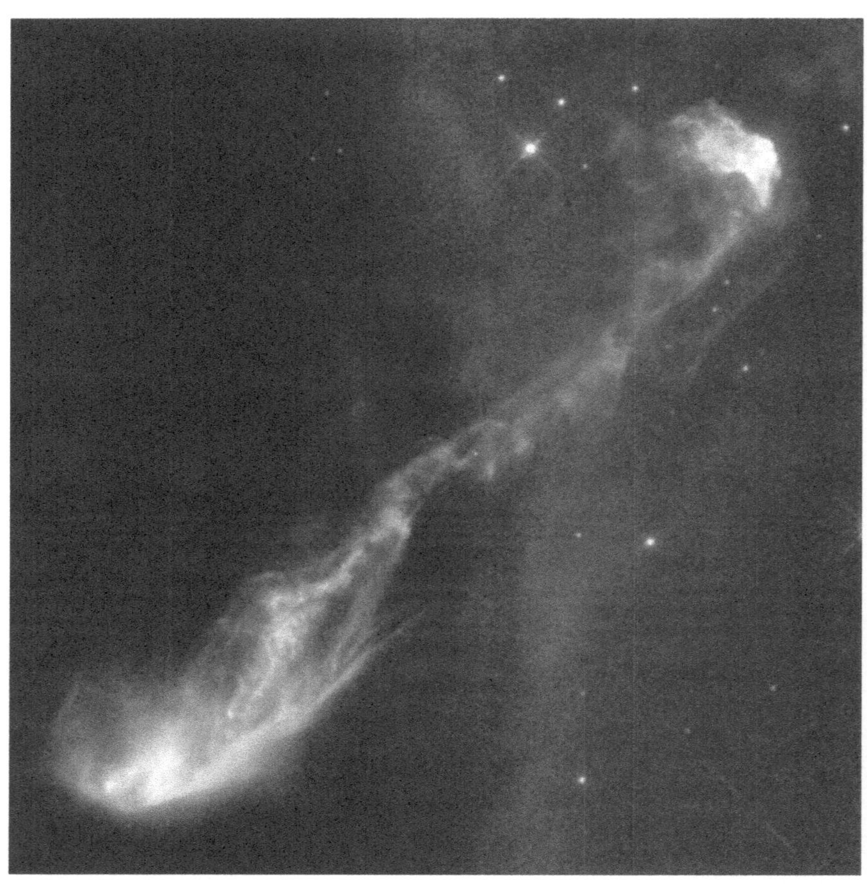

Abbildung 4: *Aus der dunklen Molekülwolke in der linken unteren Ecke schießt ein Jet mit dreihundert Kilometern pro Sekunde nach rechts oben. Er hinterlässt eine helle Spur von geschocktem Gas und trifft schließlich auf das ruhende interstellare Gas außerhalb der Wolke. Dort, nach 5 Billionen Kilometern, verursacht er eine Bugwelle, die unter dem Namen HH-47 bekannt ist. Der Jet transportiert Drall von der Akkretionsscheibe ins interstellare Gas (Foto: J. Morse, HST, WFPC2, NASA).*

sich geht, hat jedoch noch keineswegs den Status einer guten Theorie, denn es gibt noch viele Lücken. Der Grund liegt in der Komplexität der Vorgänge, von der das Folgende einen Geschmack geben soll.

Von der Akkretionsscheibe zum Protostern

Die Antwort auf das Problem von Laplace ist äußerst vielfältig, selbst ohne auf die Details der einzelnen Prozesse einzugehen. Eine große Zahl verschiedener Vorgänge muss ineinandergreifen, damit ein simpler Stern entsteht. Die Komplexität hat ihren Ursprung in dieser Vielzahl und führt zu einer Myriade von möglichen Endprodukten. Die Tradition der Sphärenklänge eines Pythagoras oder Keplers elegante Planetenbahnen verleiten manchmal dazu, sich ein überschaubares, harmonisches Universum vorzustellen. Aber die Wirklichkeit ist viel spannender, wenn auch letztlich unergründlich.

Die Physiker und Naturphilosophen des 18. Jahrhunderts konnten nicht wissen, dass rotierende Scheiben von Ausflüssen entlang der Rotationsachse begleitet sind. Im visuellen Licht, in dem die Ausflüsse stark gebündelt erscheinen, nennt man diese Materieströme Jets. Ihre Geschwindigkeit beträgt 100 Kilometer pro Sekunde und mehr. Jets erreichen eine Distanz von mehreren Lichtjahren, schießen also über die Dimension des ursprünglichen Wolkenkerns hinaus. Wo sie auf das ruhende Gas aufprallen, schieben sie wie ein Schiff eine Bugwelle vor sich her. Sie leuchtet hell auf und ist leicht erkennbar. Jets reißen einen Teil der kollabierenden Hülle mit. Dieser Strom bildet einen gemächlichen, aber massereichen Ausfluss von Gas und Staub. Mindestens ein Zehntel des Gases, das auf den jungen Stern einstürzt, geht in diesen Ausflüssen wieder verloren.

Schon länger ist der Verdacht aufgekommen, dass die Jets neben der Masse auch Drehimpuls fortführen. Das Weltraumteleskop Hubble hat 2004 die Drehbewegung der Jets bestätigt.[11] Somit bietet sich eine Lösung an für das Rätsel von Laplace, wie die Rotation einer akkretierenden Scheibe gebremst wird. Der Drehimpuls des Jets kann nur vom Drall der Scheibe stammen. Geht der Scheibe Drehimpuls verloren, muss sie sich zusammenziehen. Dabei fließt im innersten Teil Gas von der Scheibe auf den Protostern ab. Die Scheibe ist nicht stationär; dank der Ausflüsse geht die Akkretion weiter. Die Scheibe schrumpft und entleert sich langsam, und der Stern legt an Masse zu.

Wir haben uns allerdings nun die Frage nach der Beschleunigung von Jets eingehandelt. Es ist in der Tat fast unvorstellbar, wie Staubkörner und Moleküle auf die hundertfache Geschwindigkeit einer Gewehrkugel beschleunigt werden. Am ehesten kommen Vorgänge wie in der Sonnenkorona in Betracht, wo magnetische Kräfte Teilchen beschleunigen. Hier taucht das Problem auf, dass die magnetische Kraft nur auf Teilchen mit elektrischer Ladung wirken kann. Enthält das Gas im Beschleunigungsgebiet der Jets etwa elektrisch geladene, sogenannte ionisierte Atome oder Moleküle? Es muss so sein. Als Verursacher stehen kosmische Teilchen im Verdacht, vor allem Protonen, die an Schockwellen von Supernova-Auswürfen weit entfernter Sterne auf enorme Geschwindigkeiten, nahe jener des Lichts, beschleunigt wurden. Sie durchdringen selbst die dichtesten Gebiete von Molekülwolken, stoßen mit Molekülen zusammen und ionisieren sie. So tragen alte, ausgebrannte Sterne bei ihrem Zerfall, der, wie wir später sehen werden, mit einer Supernova-Explosion endet, wesentlich zum Entstehen von neuen Sternen bei.
Mit dem Magnetfeld türmt sich die Komplexität. Viele Astronomen möchten es daher am liebsten weglassen. Die Erklärung, wie ionisierte Moleküle mittels magnetischer Kraft zu einem Jet beschleunigt werden, möchte ich den Leserinnen und Lesern ersparen. Die Details sind, falls überhaupt beobachtet, noch nicht erklärt. Vielmehr möchte ich eine zweite Möglichkeit erwähnen, wie ein junger Stern Drehimpuls aus seiner Akkretionsscheibe verlieren kann: Die Scheibe rotiert innen schneller als außen, wie bekanntlich auch die inneren Planeten schneller kreisen als die äußeren. Man denke sich nun die Scheibe in Ringe aufgeteilt, deren Nachbarn sich aneinanderreiben. Schnell rotierende innere Ringe geben Drall an äußere ab, die ihn wiederum an die nächst äußeren Nachbarn weitergeben. Reibung verlangsamt den schnelleren Ring im Innern der Scheibe. Drehimpuls wird durch die Scheibe nach außen befördert. Auch hier sind Magnetfelder von Bedeutung. Sie koppeln einen Scheibenring an seinen Nachbarn, wodurch Reibung entsteht. Wir können der Komplexität nicht ausweichen.
Wahrscheinlich wirken beide Mechanismen der Drehimpulsabgabe. Der Jet übernimmt einen Teil des Dralls im inneren Teil der Scheibe, die Reibung im äußeren Teil. Der sich im Zentrum bildende Protostern erhält den Großteil der Materie, der größte Teil vom Drehimpuls des kollabierenden Wolkenkerns wird jedoch wieder in die Molekülwolke zurückgeschleudert. Auf diese Weise kann sich der Stern als Insel mit kleinem Drehimpuls im stürmischen Durcheinander der Molekülwolke bilden.

Indem sie Drall in die Molekülwolke zurückgeben, tragen selbst kleinere Sterne wie die Sonne zur Turbulenz in der Wolke bei. Wie wir gesehen haben, verhindern die chaotischen Wolkenbewegungen das vorschnelle Entstehen übergroßer Sterne. Die Sternentstehung reguliert sich selbst. Mit der Energie, die Sterne freisetzen, ihren Winden, Strahlen und Explosionswellen, zerstören sie schließlich die fragile Wolke, aus der sie entstanden. Sterne bilden sich auf Skalen von Lichtjahren und werden durch Prozesse im Bereich von Atomen und Molekülen beeinflusst. Es überrascht nicht, dass es da noch viele Wissenslücken gibt. Entgegen den Zeitgenossen von Laplace vermuten wir heute nicht mehr, in diesen Lücken Spuren von Gott zu finden. Sie sind vielmehr ein praktisch unerschöpfliches Arbeitsreservoir zukünftiger Generationen von Astronomen.

Planeten entstehen

Exoplaneten – so werden Planeten genannt, die um fremde Sterne kreisen – sind ein weiteres Beispiel, wie eine Entdeckung zu neuen Fragen führt. Es könnte den Naturwissenschaftlern wie Herkules mit der Hydra ergehen, der für jeden abgeschlagenen Kopf zwei neue Köpfe nachwuchsen. Die Planetenentstehung ist zwar kaum unendlich komplex im mathematischen Sinne. Eine vollständige Theorie scheint jedoch in weiter Ferne zu liegen. Einige Teilprozesse der Stern- und Planetenentstehung werden gut verstanden und bestätigen sich in neuen Messungen immer klarer, andere tun es nicht.
Bevor 1995 erstmals Exoplaneten entdeckt wurden,[12] konnte niemand voraussagen, dass damit alle früheren Modelle der Planetenentstehung hinfällig würden. Die neu entdeckten Planeten, inzwischen sind es Hunderte und wöchentlich kommen neue hinzu, sind riesige Gaskugeln von der Art des Jupiters, hundert bis tausendmal massiver als die Erde. Sie kreisen jedoch, anders als Jupiter, sehr nahe um den Zentralstern, wo nach den früheren Modellen für das Planetensystem der Sonne kein Großplanet entstehen kann, nur allenfalls ein Zwerg wie Merkur von der Größe unseres Mondes. Sind diese Riesen dort entstanden oder gelangten sie im Laufe einer Entwicklung an ihren jetzigen Ort? Leider kann die gängige Beobachtungsmethode nur genau diese Art von sternnahen Riesen entdecken. Sowohl Planeten mit der Masse der Erde wie auch Planeten mit größerem Abstand wie Jupiter liegen an der Grenze des Beobachtbaren und sind praktisch noch unerforscht.

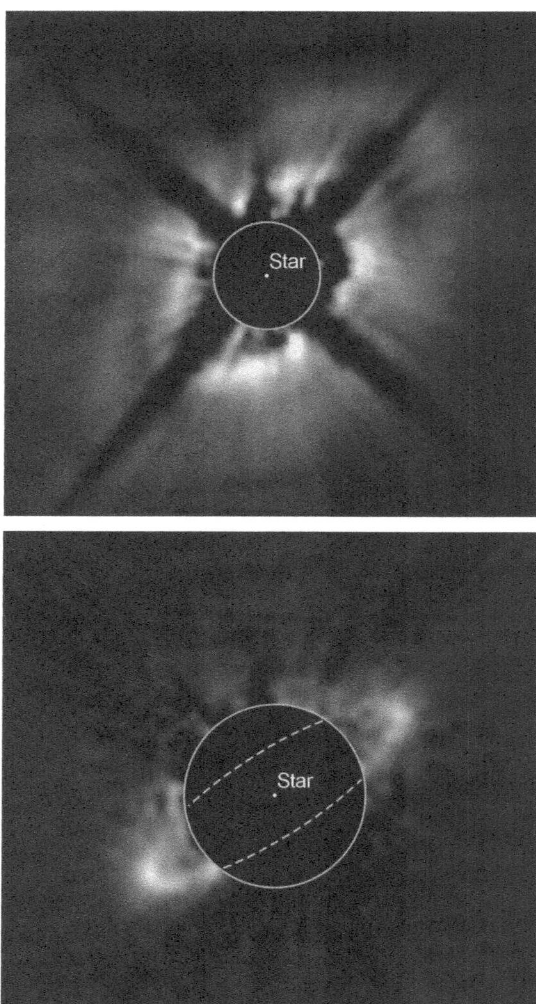

Abbildung 5: *Die erst wenige Millionen Jahre alten Sterne HD 141569 (oben) und HD 4796A (unten) sind von Staubringen umgeben. Für diese Bilder wurde das Licht der Sterne großräumig mit einer runden Platte abgeschirmt, die als weißer Kreis eingezeichnet ist. Die Staubringe haben den fünffachen bzw. zweifachen Radius der Neptunbahn. HD 141569 hat sogar einen zweiten Ring in doppeltem Abstand. Es wird vermutet, dass die Ringe Überbleibsel einer Akkretionsscheibe sind, die von einem Planeten ausgehöhlt wurde. Die Staubkörner sind wahrscheinlich von einem dicken Wassereismantel umgeben (Foto: A. Weinberger [UCLA], B. Smith [UH] u. a., NASA, ESA).*

Die Jupiter-ähnlichen Exoplaneten haben eine erstaunliche Regel zu Tage gebracht: Die Mehrheit kreist um Sterne mit erhöhtem Anteil an schweren Elementen, wie Kohlenstoff, Sauerstoff und Eisen. Auch die Sonne liegt in dieser Hinsicht weit über dem Durchschnitt der Nachbarsterne. Offenbar sind diese Elemente notwendig, damit Planeten entstehen können. Für erdähnliche Planeten wäre dies nicht bemerkenswert, besteht doch die Erde vor allem aus schweren Elementen. Nun ist aber bei Jupiter und seinen Verwandten der Wasserstoff das Hauptelement. Die beobachtete Regel legt nahe, dass zuerst ein Planetenkern aus schweren Elementen entsteht, um den sich dann bei großen Planeten später eine Wasserstoffhülle ansammelt.
Akkretionsscheiben bestehen genau aus dem Material, das zur Bildung von Planeten nötig ist: Gas, Moleküle und Staub. Wie daraus Planeten werden, ist jedoch nicht bekannt. Gewiss könnten sie wie Sterne durch die Eigengravitation von Dichteschwankungen entstehen, welche weitere Materie anziehen. Dieser Vorgang würde aber mehr Zeit brauchen, als zur Verfügung steht. Vermutlich sind Vorgänge am Werk, die sich selber verstärken, sogenannte Instabilitäten. Auch hier spielt vielleicht das Magnetfeld mit. Den Anfang machen vermutlich Staubteilchen, die aneinanderkleben.
Ein Protostern, der sich gleichzeitig mit den Planeten entwickelt, macht sich auf verschiedene Weise bemerkbar. Seine Strahlung erwärmt die Akkretionsscheibe, später kommt ein Sternwind auf und Ultraviolett-Strahlung setzt ein. Beide tragen die Randregionen der Scheibe ab, bis schließlich auch das restliche Gas entweicht. Der Staub verdichtet sich in der Scheibenebene und wird, falls er nicht von einem Planeten aufgenommen wird, schließlich wie ein Kometenschweif ins All hinaus mitgerissen. Akkretionsscheiben sind vorübergehende Erscheinungen. Planeten haben nur wenige Millionen Jahre Zeit, um in ihnen zu entstehen.
Es besteht kein Zweifel, dass die Astronomie in den vergangenen zwanzig Jahren sehr viel über Planeten gelernt hat. Im Gegensatz zur geografischen Landkarte der Erdoberfläche, wo die weißen Flecken seit dem 17. Jahrhundert fast verschwunden sind, scheint es für die Landkarte der Astronomie keinen festen Rahmen zu geben. Die farbigen Gebiete des Wissens sind zwar größer geworden, die Karte, und mit ihr die weißen Flecken, ist aber noch mehr gewachsen. Für die Planetenentstehung, wie auch für andere Entstehungsprozesse von Galaxien bis Lebewesen, hat die Karte nicht weiße Flecken, sondern ist vorwiegend weiß mit einigen eingestreuten Wissensflecken.

Vom Protostern zum Stern

Protosterne sind heiße Gaskugeln. Sie werden durch ihre eigene Kontraktion erhitzt wie jedes Gas, das komprimiert wird. Protosterne strahlen diese Energie an der Oberfläche ab, werden jedoch im Innern mit der Zeit dichter und heißer. Wenn gewisse Schwellwerte überschritten werden, verschmelzen kleine Atomkerne zu größeren. Den Anfang macht das seltene Deuterium, das zu Helium verschmilzt. Später passiert mit Wasserstoff, dem häufigsten Element, das Gleiche, aber mit größerer Wirkung. Aus vier Wasserstoffkernen wird ein Heliumkern. Seine Masse ist leicht geringer als jene der vier ursprünglichen Protonen. Die Differenz in Masse entspricht einer Energie, die als Wärme erscheint. In diesen Vorgängen kommen Kernkräfte zum Zug, welche nukleare Energie freisetzen. Ihr Energiereservoir ist tausendmal größer als die Gravitationsenergie, die bei der Kontraktion frei wird.

Der Wechsel in der Energieversorgung setzt eine neue Entwicklung in Gang: Der Protostern wird zum Stern. Seine innere Energiequelle versorgt ihn über Milliarden von Jahren und ermöglicht ihm einen stabilen Zustand. Bei kleineren Sternen wie der Sonne steigen Magnetfelder aus dem Innern auf, und entladen ihre Energie in der Atmosphäre. Wie später ausführlich beschrieben, wird diese auf mehrere Millionen Grad aufgeheizt und bildet eine Korona. Auch die heutige Sonne hat eine Korona, aber jene eines Jungsternes ist mehr als tausendmal energiereicher. Schuld daran ist die schnelle Rotation, die – wie der Dynamo am Fahrrad – je schneller desto mehr elektromagnetische Energie erzeugt. Damit ein Stern entsteht, müssen alle in der Physik bekannten Kräfte mitwirken: die Kernkräfte, die elektromagnetische Kraft und die Gravitation.

Das wunderbare Zusammenspiel aller Kräfte verändert auch die weitere Umgebung des Sternes. Die Wärmestrahlung der Korona liegt im Röntgenbereich. Sie dringt tief in die Scheibe und Hülle ein und reagiert dort mit Molekülen. Röntgenphotonen, die Lichtteilchen der Röntgenstrahlung, schlagen Elektronen aus den Molekülen heraus. Die befreiten Elektronen besitzen genug Energie, um in weiteren Molekülen dasselbe zu tun. Jedes Röntgenphoton hinterlässt eine Spur von ionisierten Molekülen. Diese sind chemisch äußerst aktiv. Ein durch Röntgenstrahlung dominiertes Netzwerk von chemischen Reaktionen entsteht. Je nach Dichte und Temperatur werden auch gewisse elektrisch neutrale Moleküle auf- oder abgebaut.

Von besonderem Interesse ist das Wassermolekül (H_2O). Am häufigsten entsteht es in dunklen Wolkenkernen auf den Staubkörnern und hüllt sie mit einem Eismantel ein. Steigt die Temperatur beim Kollaps auf über minus 170 Grad Celsius, verdampft das Wasser und beginnt, mit anderen Molekülen zu reagieren. Es bildet sich ein chemisches Netzwerk von Reaktionen, in dem Wasser entsteht und wieder zerstört wird, bis sich ein Gleichgewicht einstellt. Die Häufigkeit von Wasser wird von den gegebenen Verhältnissen bestimmt. Von Sternen mit der Masse der Sonne wird Wasser durch UV- und Röntgenstrahlung in Sternnähe bis etwa zur dreifachen Erde-Sonne-Distanz zerstört. Wasser wird nicht direkt in Sauerstoff und Wasserstoff aufgespalten, sondern reagiert mit anderen Molekülen, wie mit dem chemisch aktiven, positiv geladenen H_3^+ und HCO^+, die durch hochenergetische UV- und Röntgenstrahlen produziert werden. Nach diesen Vorstellungen dürfte es innerhalb der Jupiterbahn kein Wasser mehr geben. Woher kommt das Wasser auf der Erde? Auch der Planet Mars hat heute noch Wasser unter der Oberfläche und im Polareis.

Es gibt mindestens zwei Möglichkeiten für den Ursprung des Wassers im inneren Sonnensystem, vielleicht auch mehr. Die bekannteste Hypothese sind Kometen, die im äußeren Sonnensystem entstanden und Wasser transportierten. Sie schlugen damals noch häufiger als Asteroiden auf der jungen Erde ein. Zweitens könnte Wasser schon viel früher im Gas des inneren Sonnensystems entstanden sein, als dort die Temperatur minus 20 Grad Celsius überstieg. Nimmt die Dichte im Alter von etwa einer Million Jahren ab und die Röntgenleuchtkraft des Protosterns zu, bilden sich Moleküle, aus denen Wasser auch im Gas der Akkretionsscheibe entstehen kann.[13]

Wasser ist ein Beispiel, wie Moleküle eine Geschichte durchlaufen, die je nach Distanz zum Protostern verschieden ist. Würden wir diese Geschichte verstehen und könnten wir Wasser und andere Moleküle genügend gut beobachten, wäre es möglich, den physikalischen Zustand von Akkretionsscheiben zu entschlüsseln und seine Geschichte zu rekonstruieren. Die Moleküle und das Verhältnis ihrer Häufigkeiten sind wie Uhren, die uns die Entwicklung anzeigen. Sie würden uns helfen, auch die Geschichte unseres eigenen Sonnensystems zu verstehen. Bis dieser Traum sich verwirklicht, fehlt noch viel. In diesem Jahrhundert sind diesbezüglich große Fortschritte zu erwarten. Vielleicht können wir in hundert Jahren aus Molekülbeobachtungen den Entwicklungsstand von Protosternen und Planeten in benachbarten Molekülwolken ablesen. Die molekulare Entwicklungsgeschichte kann vielleicht auch die Frage beantworten, wie häufig unser Typ von Planetensystem ist. Es sind sogar derart viele verschiedene chemische und physikalische Entwicklungswege von

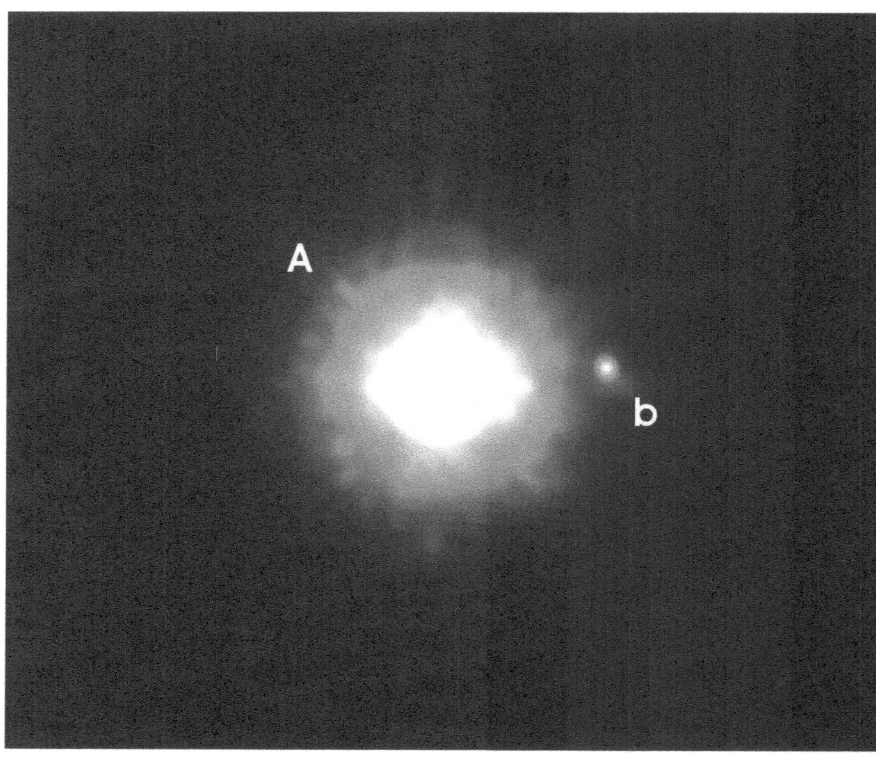

Abbildung 6: *Der Stern GQ Lupi (mit A markiert im Bild) ist erst eine Million Jahre alt. Er wird von einem zweiten, leuchtschwachen und gleich alten Himmelskörper (b) begleitet, der in Masse nur wenig größer als Jupiter ist. Das Objekt b ist somit wahrscheinlich der erste Planet, der direkt abgebildet werden konnte. Er hat die hundertfache Erde-Sonne-Distanz von seinem Zentralgestirn. Das Bild zeigt seine Wärmestrahlung im infraroten Licht. Der Planet strahlt kräftig, da er noch über 1500 Grad heiß ist und sich seit seiner Entstehung noch nicht vollständig abgekühlt hat (Foto: R. Neuhäuser, Europäische Südsternwarte, ESO).*

Sternen und Planeten denkbar, dass unser Sonnensystem ein Einzelfall sein könnte. Die Astronomie des 21. Jahrhunderts verspricht so spannend zu werden wie in früheren Jahrhunderten.

Der Druck in der Korona des jungen Sternes übersteigt die Schwerkraft. Daher fließt die Korona als starker Sternwind in den Weltraum ab, wird aber durch die magnetische Heizung der unteren Schichten dauernd neu erzeugt. Der Sternwind und die Hochenergie-Strahlungen des Jungsternes tragen, wie bereits erwähnt, die Akkretionsscheibe ab. Winde und Strahlungen reichen aber weiter in den Raum hinaus und pusten auch sämtliche Überreste des ursprünglichen Wolkenkerns weg. Auf diese Weise verhindert der Stern ein weiteres Anwachsen. Dies scheint der Grund zu sein, dass der massereichste Stern im heutigen Universum nur etwa dreihundert Sonnenmassen hat. Ohne diese Selbstregulierung wäre es nicht auszuschließen, dass seine Masse weiter wächst und schließlich, ohne einen Stern zu bilden, die Schwelle zu einem Schwarzen Loch überschreitet. Es ist erstaunlich, wie selten solche kosmischen Missgeschicke sind, vermutlich ereigneten sie sich nur im frühen Universum. Die Schwarzen Löcher im Zentrum von Galaxien sind, wie wir später sehen werden, vermutlich Relikte einer früheren Zeit, als die Selbstregulierung der Akkretion noch nicht auf gleiche Weise funktionierte.

Objekte mit weniger als einem Zehntel der Sonnenmasse haben einen zu kleinen Druck, um Wasserstoff zu verschmelzen, und werden nicht zu Sternen. Vom kleinsten zum größten Stern liegt ein Massenunterschied von nur einem Faktor Tausend. Das ist nicht viel in Anbetracht einer Sonnenmasse von zwei Quadrilliarden ($2 \cdot 10^{27}$) Tonnen. Da wären ein paar Zehnerpotenzen mehr oder weniger gut denkbar. Erstaunlich, wie sich die Sternentstehung so reguliert, dass die Sternmasse jene Größe erreicht, bei der Wasserstoff in der richtigen Rate verschmilzt, sodass sich eine stabile Wärmequelle bildet und Leben entstehen kann!

Unergründliche Rätsel

Wenn beim Zähneputzen das Wasser aus dem Hahn fließt, versuche ich manchmal aufzuzählen, auf welchen verschlungenen Wegen es zu mir gelangte. Ich bin noch nie in der vom Zahnarzt verordneten Zeit damit zu Ende gekommen. Aus den obigen skizzenhaften Ausführungen geht hervor, dass bei der Entstehung von Sternen und Planeten eine große Zahl von Vorgängen stattfindet und viele Details noch unbekannt sind. Es gibt auch noch eine Fülle offener Fragen, offensichtlich weit mehr als Kant und Laplace vor 200 Jahren hatten. Jede Antwort weckte mehrere neue Fragen. Der Entstehungsprozess umfasst überwältigend viele Vorgänge, die ablaufen müssen, damit sich ein Stern, umringt von einem Planetensystem, bilden kann. Die Erforschung der Stern- und Planetenentstehung scheint unergründlich zu sein.

Man darf mit Recht fragen, ob denn die naturwissenschaftliche Methode zum vollständigen Erklären führe. Offensichtlich wird die Komplexität der Wirklichkeit immer wieder unterschätzt. Der Grund liegt wohl darin, dass in den kontrollierten Laborexperimenten der Physik die Wirklichkeit von der Umwelt isoliert wird. Damit reduziert man die Zahl der interaktiven Mitspieler, und präpariert die Wirklichkeit auf ein handhabbares Maß an Möglichkeiten. Das Beispiel der Sternentstehung zeigt hingegen, welche Fülle von Komplexität sich durch eine Vielzahl wechselwirkender Prozesse bilden kann. Auch wenn wir eines Tages alle Grundgleichungen kennen sollten, würden wir noch lange nicht die gesamte Wirklichkeit verstehen. Es gibt Phänomene, die erst in der Menge auftauchen. Jede Lehrperson am Gymnasium weiß, wie einfach es ist, mit einzelnen Schülern gute Gespräche zu führen, aber wie leicht man die Kontrolle über die Gruppendynamik einer Klasse verlieren kann.

Die gegenwärtige Front der Forschung ist eine Grenze in dauernder Bewegung. Sie dringt immer tiefer ins Verständnis der kosmischen Ursprünge und Vorgänge vor. Wegen der Komplexität des Universums wird diese Grenze nie verschwinden. Es soll nicht der Eindruck entstehen, es gäbe keine Fortschritte im Wissen, wie Sterne und Planeten entstehen. Im Gegenteil! Es gibt heute weltweit mehrere tausend Forschende, die nur an diesen Themen arbeiten. Den Fachleuten wird jeden Monat der »Star Formation Newsletter« zugeschickt mit Zusammenfassungen und Links zu den neusten Artikeln, die von den Zeitschriften zur Veröffentlichung angenommen wurden. Es sind rund 60 Abhandlungen jeden Monat. Sie lesen sich wie ein spannender Roman, aber meine Zeit reicht oft nur, ihre Überschriften zu lesen und die Zusammenfassungen der interessantesten Beiträge zu überfliegen.

Das Beispiel der Stern- und Planetenentstehung erinnert mich an das Problem bei der Bestimmung der Küstenlänge einer Insel. Misst man sie mit einem Faden auf einer Landkarte, scheint dies kein Problem zu sein. Will man es aber genauer wissen und geht im Freien mit einem Messband an die Arbeit, erhält man eine größere Strecke, weil auch kleinere Einbuchtungen erfasst werden. Die Frage nach der Küstenlänge lässt sich nicht abschließend beantworten, denn es könnte jemand gar mit einer Lupe messen und erhielte wieder ein größeres Resultat. Mikroskope lieferten noch größere Werte. Die Frage lässt sich nur befriedigend beantworten, wenn wir die Skalenlänge angeben, die uns wichtig ist. Wenn wir zum Beispiel die Küste abschreiten wollen, wäre es die Meterskala. Auf die Sternentstehung angewandt, werden wir nie alles verstehen, aber wir müssen es auch nicht. Eines Tages kennt die Forschung vielleicht die Entstehung der Sterne auf einer Detailskala, die befriedigt. Wir werden aber die Sternentstehung nie so vollständig kennen, wie ein Uhrmacher seine Uhr versteht.

Noch vor wenigen Jahrzehnten war unter Astronomen die Meinung weit verbreitet, dass Sterne zu den einfachsten Objekten gehörten, die im Universum entstehen. Je genauer jedoch die Naturwissenschaften die Wirklichkeit untersuchen, desto rätselhafter erscheint sie. Rätsel sind keine Fingerabdrücke eines Schöpfers, denn diese Rätsel lassen sich im Prinzip lösen. Unerklärtes ist kein zwingender Hinweis auf einen Plan. Die Aussage von Laplace, dass Gott nicht als Erklärungsgrund notwendig ist, wurde nicht widerlegt. Allerdings sind die Prophezeiungen der Aufklärung und die Angst vieler heutiger Menschen unbegründet, die Naturwissenschaften würden einmal alles erklären. Laplace täuschte sich in der Komplexität der Wirklichkeit. Selbst wenn ein Phänomen »mechanisch« erklärt wird, bleibt das Ganze rätselhaft, denn die Erklärung beinhaltet wieder neue Rätsel. Im Wort Rätsel schwingt eine subjektive Komponente mit. Es bleibt für *uns* ein Rätsel. Dass Rätsel bleiben und immer bleiben werden, kränkt nun aber die naturwissenschaftliche Vernunft. Ein Objekt mit Rätsel bewahrt eine gewisse Distanz, ist nicht vollständig verfügbar und bleibt geheimnisvoll. Diese Distanz verwundert und irritiert. Im ganzen Universum sind bereits 10 Trilliarden (10^{22}) Sterne entstanden. *Es ist erstaunlich, dass das Gewöhnlichste im Universum von unergründlicher Komplexität ist.*

Im nächsten Kapitel geht es um die Frage, ob es für die astronomische Forschung nicht doch unüberwindliche Hindernisse gebe und wo im Universum die Astronomie auf harte Grenzen stoße.

Grenzenlos?

Nach dem heutigen Wissensstand der Astrophysik hat sich das Universum mit einer ungeheuren Dynamik entwickelt. Die Sternentstehung und die Bildung von Planeten stellen nur Teilprozesse dar, die auf kosmischen Vorgängen im frühen Universum aufbauen, wie der Entstehung der Materie und der Galaxien. Die Entwicklung auf immer neuen Stufen ist eine fundamentale Eigenschaft des Kosmos. Dabei spielt die Zeit eine wichtigere Rolle, als früher angenommen wurde. Das Neue entstand nicht in einer mythischen Vergangenheit vor dem Anfang der Zeit, sondern mit der Zeit und infolge der Zeit, die von einer Ursache zur Wirkung fortschreitet.

Alle Dinge im Universum sind erst im Laufe der Zeit entstanden. Das Universum als Ganzes begann, wie verschiedene Beobachtungen nahe legen, in einem Urknall vor etwa 13,8 Milliarden Jahren.[14] Das Szenario des Urknalls ist unter Fachleuten allgemein akzeptiert, wenn auch die Unsicherheit der Theorien bezüglich der Vorgänge im frühen Universum zunimmt, je mehr man sich dem zeitlichen Nullpunkt nähert. Weniger bekannt ist vermutlich, dass kein einziges Objekt des heutigen Universums zum Zeitpunkt Null entstanden ist. Selbst unsere alltägliche Materie bildete sich nicht etwa ganz am Anfang: Ihre Hauptbestandteile (Protonen und Neutronen) entstanden erst eine Millionstel Sekunde später. Das scheint zwar fast gleichzeitig, macht aber den großen Unterschied, dass die Entstehung im Rahmen von Raum und Zeit erfolgte und dies gemäß physikalischen Gesetzen, die aus Laborversuchen bekannt sind. Was vor dieser ersten Millionstel Sekunde geschah, ist weniger gut oder nicht bekannt.

Der Kosmos begann demnach nicht wie im Theater, wo das Bühnenbild und die Schauspieler bereitstehen, der Vorhang sich öffnet und das Spiel beginnt. Im modernen Weltbild verläuft die kosmische Entwicklung viel dramatischer: Anfangs wäre für das Theater nur glühendes Magma da, das zu Gestein erstarrte, woraus sich ein Gebäude bildet. Darin würde eine Werkstatt auftauchen für Bühnenbauten, eine Bühne, eine Schauspielschule. Alles fiele wieder zusammen, würde wieder aufgebaut, zerfällt usw., bis schließlich dann unser Stück gespielt wird. Das Universum ist kein Uhrwerk, das seit der Entstehung nur vor sich hintickt. Die Entwicklung eröffnete sich immer wieder neue Dimensionen. Zuerst fand sie unter Elementarteilchen im nuklearen Bereich statt, dann unter Atomen, später unter Molekülen, dann in Sternen, Planeten und schließlich unter Lebewesen und in der Gesellschaft. Die Vorgänge im Universum sind unermesslich vielfältig und überraschend kreativ.

Die ersten Sterne

Auch die Sternentstehung im Universum hat eine Geschichte. Das zeigte sich im vorherigen Kapitel an der Tatsache, dass die schweren Elemente wie Kohlenstoff und Sauerstoff im Vorgang heute eine wichtige Rolle spielen. Sie können sich aber nur in früheren Sternen gebildet haben. Was war zuerst, das Huhn oder das Ei? Ähnlich wie beim Federvieh ist die Antwort, dass frühere Sterne anders waren und anders entstanden.

Das Licht ferner Galaxien erreicht uns erst nach Millionen oder Milliarden von Jahren. Somit haben wir die Möglichkeit, in die Vergangenheit zurückzublicken. Wir sehen das Licht von Sternen, wie sie vor langer Zeit waren. Zum Teil existieren sie heute schon nicht mehr. Je weiter entfernt ein Objekt, desto weiter zurück geht die Reise.

Beim Blick in die Vergangenheit fällt auf, dass die schweren Elemente im Laufe der kosmischen Geschichte häufiger wurden. Je älter die Galaxie, desto stärker werden die Spektrallinien dieser Elemente im Sternenlicht. Die Beobachtung bestätigt die Vermutung, dass schwere Elemente in Sternen entstehen und nicht schon seit Beginn vorhanden waren.

Weil massereiche Sterne bläulich und massearme Sterne rötlich sind, lässt sich die Größe der Sterne leicht ermitteln. Die Beobachtungen zeigen, dass massereiche Sterne früher relativ häufiger waren. Diese Auffälligkeit lässt sich mit einer höheren Temperatur in den Molekülwolken erklären. Weil die Wolkenkerne wärmer waren, musste sich mehr Materie ansammeln, um zusammenzufallen. In größeren Wolkenkernen mit mehr Masse bildeten sich vermehrt größere Sterne. Weil das Universum expandiert, kühlt es ab. Das gilt allgemein für ein Gas, aber auch für kosmische Hintergrundstrahlung, welche das ganze Universum durchflutet und die minimale Temperatur in den Molekülwolken bestimmt. Bei kleinerer Temperatur entstehen heute vermehrt kleinere Sterne wie die Sonne. Sie ist daher typisch für den Zustand des Universums nach einigen Milliarden Jahren.

Große Sterne sind anders als die Sonne: Sie leben weniger lang, obwohl sie mehr Brennstoff haben. In massereichen Sternen ist der Druck im Innern größer, sodass die Verschmelzung von Wasserstoff viel schneller vor sich geht. Ein großer Stern geht verschwenderisch um mit seinen Vorräten. Er hat auch einen starken Sternwind. Dadurch verliert er in seinem kurzen Leben mehr als die Hälfte seiner Masse. In diesem Wind werden Kohlenstoff, Sauerstoff und andere schwere Elemente weggeführt. Diese Atome absorbieren das Licht und sind wie Segel im Wind, in welche die intensive Sternstrahlung hineinbläst und den Sternwind antreibt. Es sind die eigenen Verbrennungsprodukte der stellaren Energieversorgung. Hat ein Stern die zehnfache Masse der Sonne, lebt er nur wenige zehn Millionen Jahre, also hundertmal weniger lang als die Sonne. Weil es früher mehr massive, kurzlebige Sterne gab, reicherte sich ihre Asche im frühen Universum schnell an. Der meiste Sauerstoff, den wir einatmen, stammt aus massereichen Sternen der Frühzeit des Universums, die längst erloschen sind.

Die ersten Sterne mussten sich ohne schwere Elemente, ohne Magnetfeld und Wolkenturbulenz bilden. Sie waren nicht nur größer, sondern gänzlich verschieden von den heutigen Sternen. Ihre Urwolken hatten eine Temperatur von etwa minus 70 Grad. Dies ist bedeutend wärmer als die heutigen Molekülwolken, die minus 200 Grad kalt sind. Die wärmeren Wolken im frühen Universum fragmentierten weniger schnell. In ihrem Inneren bildete sich ein einziger Wolkenkern mit einigen hundert Sonnenmassen, der auf ein zentrales Objekt kollabierte, weil die Urwolken noch wenig Drehimpuls hatten. Weil es keine schweren Elemente gab, die den Sternwind antrieben, wurde die Akkretion erst begrenzt, als im Innern der nukleare Ofen lange genug brannte, um sie zu produzieren. Es gibt Hinweise darauf, dass die ersten Sterne mehrere hundertmal massereicher waren als die Sonne.

Vor den ersten Sternen gab es keine anderen Lichtquellen außer der im Infrarot leuchtenden Wärmestrahlung des verglimmenden Urknalls. Mit einer Helligkeit von je zehn Millionen Sonnen durchbrachen die Ursterne die Dunkelheit. Die ersten Sterne hatten keine Planeten, und ihre Oberfläche war rund 100 000 Grad heiß. Die Sonne mit ihren 5780 Grad strahlt im weißen Licht. Bei höheren Temperaturen verschiebt sich das Maximum der Abstrahlung zu kürzeren Wellenlängen, zuerst ins Blau, dann ins Ultraviolette. Die Monstersterne der Frühzeit glühten im extremen Ultraviolett. Ohne schützende Atmosphäre wären solche Strahlen für Menschen tödlich, da sie die Haut beschädigen und Krebs auslösen.

Hochenergetische Strahlen verändern Atome, indem sie ihnen Elektronen abspalten, das heißt, sie ionisieren. Die Strahlung der Ursterne war derart stark, dass sie das ganze restliche Gas im Universum ionisierte. Das häufigste Atom im Gas zwischen den Galaxien, der Wasserstoff, wurde in seine beiden Bestandteile, Elektron und Proton, zerlegt und ist dort noch heute in diesem Zustand. Die ersten Sterne haben das Universum für immer verändert.

Die Ursterne sind längst verschwunden. Wegen ihrer riesigen Masse dauerte die Lebenszeit der einzelnen Objekte nur etwa eine Million Jahre. Wenn der Brennstoff im Inneren eines Sternes zu Helium verschmolzen ist, verbrennt dieses zu Kohlenstoff, dann zu Sauerstoff und, bei massereichen Sternen, weiter bis zu Eisen. Schließlich sind aber auch diese Energiereserven aufgebraucht und der Stern fällt in sich zusammen. In der Implosion erschließen sich wiederum neue Energiequellen. Noch schwerere Elemente wie Gold und Uran entstehen. Dank dieser Energien wird der äußere Teil des Sternes herausgeschleudert. Das heiße Gas schießt in den Weltraum und leuchtet für einige Wochen dermaßen hell, dass es im ganzen Universum beobachtet werden kann. Wir nennen diese Erscheinung eine Supernova, wenn sie bei heutigen Sternen auftritt. Bei Ursternen müsste man eher von einer Meganova sprechen. Entdeckt wurden noch keine, aber ihre Spuren sind nicht zu übersehen: Das intergalaktische Gas ist voll von ihren Rückständen, wie Gold und Silber, Titan und Uran. Der Rest im Zentrum eines Ursternes wurde zu einem Schwarzen Loch. Weil die Massen groß waren, die Sternwinde und Massenverluste vor den Meganovae jedoch relativ klein, sind die Schwarzen Löcher aus der Frühzeit des Universums wahrscheinlich riesig groß. Nicht wenige Astronomen vermuten, dass sie sich in den heutigen Galaxienkernen angesammelt haben. Die Masse eines Schwarzen Loches in Galaxienkernen kann eine Milliarde Sonnenmassen übersteigen.

Die ersten Riesensterne erschienen etwa 150 Millionen Jahre nach dem Urknall. Ihre Entstehung hatte einen Höhepunkt um 400 Millionen Jahre, und bereits 600 Millionen Jahre nach dem Urknall war die Zeit der Ursterne vorbei. Sie machen nur eine relativ kurze Episode aus in der Geschichte des Universums. Es war das erste und größte Feuerwerk aller Zeiten. Vor ihrer Zeit liegt eine dunkle Epoche, aus der noch keine Strahlung entdeckt wurde. Sie wird auch das »Dunkle Zeitalter« genannt in Anlehnung an eine historische Bezeichnung für das europäische Frühmittelalter.

Das Universum nahm aber seinen Anfang nicht in Finsternis. Das Dunkle Zeitalter begann erst 380 000 Jahre nach dem Urknall. Vor dieser Zeit war

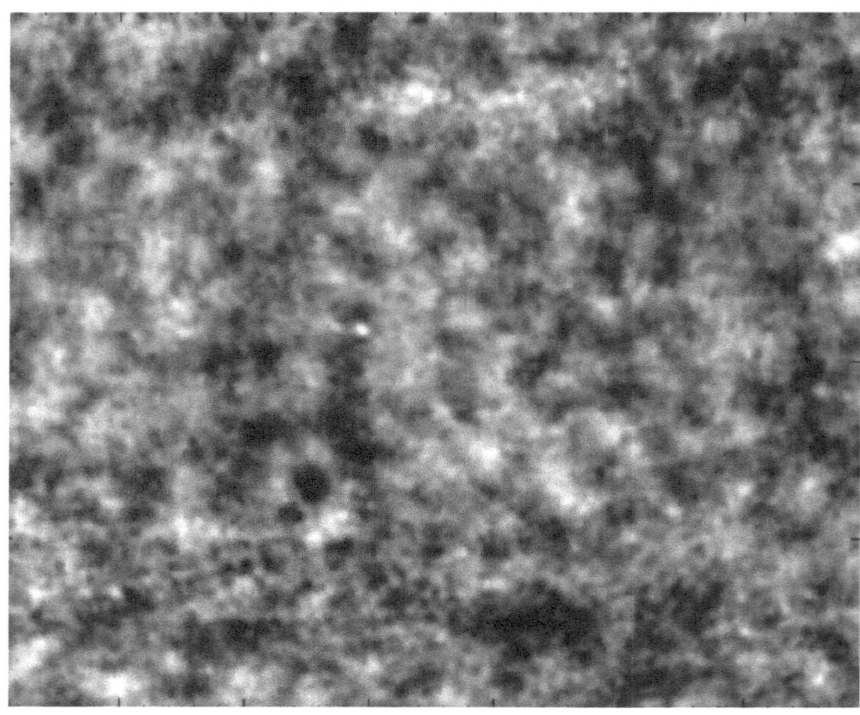

Abbildung 7: *Millimeterwellen durchdringen das ganze Universum. Werden alle Strahlungsquellen im Vordergrund des Universums wegretuschiert, bleibt eine Hintergrundstrahlung. Sie entstand 380 000 Jahre nach dem Urknall, als das Universum durchsichtig wurde. Das Bild zeigt Unterschiede in der Intensität dieser Strahlung auf einer Fläche ungefähr so groß wie die ausgestreckte Hand. Aus der Ausdehnung dieser Fluktuationen kann die Energiedichte im Universum geschlossen werden (Foto: S. Masi u. a., New Astronomy Reviews, 2007, Boomerang Projekt).*

das Universum dermaßen dicht und heiß, dass die Atome noch nicht von Elektronen umhüllt waren. Das Universum war ein undurchsichtiges, vollständig ionisiertes Gas. Es glühte rot wie ein Gegenstand bei einer Temperatur von 3000 Grad und strahlte in rotem Licht. Mit der Expansion des Universums verschob sich die Farbe von Rot zu Infrarot und schließlich zu noch größerer Wellenlänge. Die Strahlung ist heute bei einem Millimeter Wellenlänge zu sehen und erscheint als Hintergrund zu allen anderen Himmelskörpern, die wir bei dieser Wellenlänge beobachten. Dieser Schimmer aus der Phase des Durchsichtigwerdens ist das früheste Licht, das wir noch empfangen können.

Wie sicher wissen wir dies? Die Frage wird mir gelegentlich im Freundeskreis gestellt, aber stille Zweifel sind wahrscheinlich viel häufiger präsent. In der Tat sind nicht alle Erklärungen und Theorien gleich sicher. Zweifel sind angebracht. Die in diesem Abschnitt vorgestellten Szenarien betrachte ich als gesichert, etwa so wie vor fünfzig Jahren die Kenntnisse des Mondes. Als die Astronauten dann schließlich landeten, haben sie viel Neues entdeckt, aber ihre Kapsel ist, wie im Voraus berechnet, nicht im Staub versunken und sie haben sich auf der Mondoberfläche nicht die Füße verbrannt. Das frühe Universum ist ein Forschungsgebiet, das sich dank neuer Instrumente in den nächsten Jahrzehnten stark entwickeln wird.

Urknall: unser Horizont in der Zeit

Reisen wir noch weiter zurück in der Zeit, können wir den Spuren im heutigen kosmischen Gas folgen. Das meiste Helium im Universum entstand wenige Minuten nach dem Urknall, als das Universum eine Milliarde Grad heiß war. Helium bildete sich aus Protonen, den Atomkernen des Wasserstoffatoms und Neutronen, die aufeinandertrafen und zu Deuterium verschmolzen. Dieses stieß auf ein weiteres Proton und Neutronen und bildete schließlich einen Heliumkern. Einige der Heliumkerne reagierten noch weiter und bildeten Lithium, das nächst schwerere Element im Periodensystem. Im Prinzip ginge dies so weiter bei genügend langer Zeit. Das war nicht der Fall, weil das Universum expandierte und die für die Nukleosynthese nötigen hohen Temperaturen und Dichten nur etwa fünf Minuten lang herrschten. Der im Universum beobachtete Heliumanteil von einem Viertel der Gesamtmasse setzt strenge Grenzen an die physikalischen Parameter und ihre Entwicklung in jener Zeit. Sie

entsprechen exakt dem heutigen kosmischen Standardmodell, das aus der Hintergrundstrahlung hergeleitet wird.
Es gibt gute Gründe anzunehmen, dass in naher Zukunft bisher unbekannte Elementarteilchen aus einer noch früheren Phase des Universums gefunden werden, die sich bereits durch ihre Schwerkraft als Dunkle Materie im Universum angekündigt haben. Sie dominierte alle anderen Formen von Masse im frühen Universum und war wichtig bei der Entstehung der ersten Riesensterne und der Galaxien. Auch heute übertrifft die Dunkelmaterie unsere gewöhnliche Materie um einen Faktor sechs. Wenn sich das Sonnensystem im Umlauf um das Zentrum der Milchstraße mit 220 Kilometern pro Sekunde durch dieses Meer von Dunkelteilchen bewegt, durchdringen unseren Körper viele Millionen Teilchen pro Sekunde. Davon spüren wir nichts. Dunkelmaterie nehmen wir in unserem Leben nicht wahr, weil sie keine oder nur extrem schwache Wechselwirkung mit sich selber und mit gewöhnlicher Materie hat. Sie strahlt keine Energie ab, daher ist sie unsichtbar und kühlt nicht ab. Auf die Entstehung heutiger Sterne hat sie keinen Einfluss mehr.
Vielleicht können wir eines Tages das Donnergrollen des Urknalls in Gravitationswellen aus der Zeit der ersten Augenblicke des Universums empfangen. Gravitationswellen entstehen, wenn große Massen beschleunigt werden. In der Inflationsphase, 10^{-35} Sekunden nach dem Urknall, als das Universum für weniger als 10^{-32} Sekunden extrem schnell expandierte, könnten solche Wellen entstanden sein. Werden sie beobachtet, wären sie wahrscheinlich die frühesten Signale des Universums.
Dass sich heute noch Sterne bilden, impliziert bereits eine Grenze, denn Sterne binden und verbrauchen Wasserstoff. Weil dies nicht über unendlich lange Zeit möglich ist, muss es einen Anfang und ein Ende geben. Der Anfang des Universums kann aus der kosmischen Expansion und der Hintergrundstrahlung auf eine Zeit vor 13,8 Milliarden Jahren datiert werden. Diese Zahl, mit verschiedenen Methoden bestimmt, scheint erstaunlich genau zu sein, obwohl die Entstehung des Universums größtenteils unklar ist, wie wir in den folgenden Abschnitten sehen werden.
Physikalisch lässt sich die Entstehung des Universums zum Beispiel als eine spontane Fluktuation des Vakuums vorstellen. Damit wird spekuliert, dass die physikalischen Gesetze, wie Energie- und Ladungserhaltung, während des ganzen Vorgangs galten. Die Quantentheorie erlaubt Schwankungen innerhalb der Unschärfe. Die Energie kann im Vakuum lokal und vorübergehend von Null abweichen. Im Urknall verfestigte sich eine solche Fluktuation, wobei vielleicht eine noch unbekannte, quantisierte Form

von Gravitation hineinspielte. Das Universum stimmt mit diesen Annahmen überein, soweit wir sie überprüfen können. Die Energie der Gravitation ist negativ, weil es Energie braucht, um zwei sich anziehende Körper zu trennen. Die positiven Energien der Materie und ihrer Expansion addieren sich mit der negativen Gravitationsenergie auf ungefähr Null. Weil die Physik unter den Bedingungen des ganz frühen Universums nicht bekannt ist, wissen wir wenig über die ersten Nanosekunden. Vor allem müssen wir uns der Frage stellen, ob es zum Zeitpunkt Null schon Naturgesetze gab, und ob es dieselben waren, die wir heute kennen. Gab es ein Vorher? Dafür fehlt der Zeitbegriff, denn zur modernen Physik gehört eine Zeit, die durch Messungen definiert werden kann. Beobachtungen im Universum vor dem Urknall sind wahrscheinlich nicht nur für immer jenseits unserer Möglichkeiten. Sie sind auch nicht vorstellbar.

Zeit äußert sich darin, dass eine Ursache ihrer Wirkung vorangeht. Sie erscheint in der Physik dort, wo Veränderung geschieht. Am einfachsten lässt sich das an Newtons zweitem Gesetz zeigen, das verlangt, dass sich der Impuls (Masse mal Geschwindigkeit) um einen Betrag ändert, der mit der Länge des Zeitintervalls zunimmt. Den Proportionalitätsfaktor nennen wir Kraft. Die Impulsänderung wird größer, je länger die Kraft wirken kann. Anders gesagt, die Zeit gewährt der Kraft die Entfaltung ihrer Potenz. Zeit ist durch eine messbare Veränderung bei einer bestimmten Kraft definiert. Konkret wird heute die Sekunde durch eine gewisse Anzahl von Schwingungen des Cäsiumatoms abgeleitet, was eine Anwendung der obigen Definition auf einen periodischen Vorgang bedeutet. Wenn wir keine Veränderung messen können, keine Schwingung und keine Periode, ist die Zeit physikalisch nicht definiert. Das trifft zu im Universum zur Zeit Null und davor. Nach dieser Logik kann man daher über ein Vorher physikalisch nichts aussagen.

Der Urknall ist ein interessantes Forschungsgebiet vor allem für mathematische Physiker, die bei diesem Urereignis neue Theorien der Materie, Raum und Zeit finden und prüfen können. Der Big Bang hat auch einen gewissen mythischen Reiz, der solche Forschung durchaus beleben kann. Der Einfluss mythischer Residuen in der Gegenwart wird später wieder aufgegriffen. Vom rein physikalischen Standpunkt aus gibt es jedoch keinen grundsätzlichen Unterschied zwischen dem Entstehen des Universums und dem Entstehen von Sternen. Es ist die gleiche Art von Physik (letztlich die Gravitation und Quantenfeldtheorie), welche die Vorgänge beschreibt. Das ist ein wichtiger Punkt: Wenn wir das Entstehen von Neuem im Universum physikalisch erklären wollen, steht uns grundsätz-

lich keine andere Physik als jene im Laboratorium zur Verfügung. Es ist erstaunlich, dass sie ausreicht, die meisten beobachteten Vorgänge im Universum ansatzweise zu verstehen.
Den eigentlichen Punkt Null werden wir jedoch nie beobachten können. Darum gilt es, Vorsicht walten zu lassen. Gerade beim Thema Urknall kommt heute gerne eine Art Naturspekulation auf, die zwar mathematisch korrekt, aber durch Beobachtungen nicht überprüfbar ist. Diese hypothetische Kosmologie ist daher nicht dem seit Galilei erfolgreichen Diskurs zwischen Theorie und Beobachtung ausgesetzt. Nur wenn diese Theorien beobachtbare Indizien einschließen, sind sie physikalisch relevant. Wenn wir von einer messbaren Wirklichkeit ausgehen wollen, hat die Zeit, und damit das Spiel von Ursache und Wirkung, erst im Nullpunkt der Zeit angefangen. Die Tatsache, dass Theorien wie die Quantenfluktuation möglich sind, die den Vorgang zu erklären versuchen, zeigt jedoch, dass die Entstehung des Universums als ein natürliches Ereignis zu betrachten ist, auch wenn wir es nicht verstehen.
Oft werde ich nach populären Vorträgen gefragt, was vor dem Urknall war. Die Frage zielt auf den Übergang vom Nichtsein zum Sein des Universums. Gilt hier die Aussage von Laplace noch, dass die Gott-Hypothese nicht nötig sei? Wie schon Laplace in der Theorie der Planetenentstehung, haben wir in unserer obigen Quantenspekulation der Universumsentstehung den Begriff Gott nicht verwendet. Es ist erstaunlich, dass viele Zeitgenossen Gott ausgerechnet im Urknall suchen. Was für die Spekulationen der Physik unter den extremen Umständen des zeitlichen Nullpunkts gilt, scheint mir auch zuzutreffen, wenn dafür als Ersatz einer physikalischen Erklärung ein göttlicher Eingriff angenommen wird. Diese These wäre naturwissenschaftlich genauso unbeweisbar.
Ich wage die Behauptung, dass eine religiöse Erklärung des Urknalls eine theologisch falsche Spur ist. Sie stammt aus Überresten von mythologischen Vorstellungen einer Schöpfung vor der Zeit, aus der philosophischen Denkfigur eines Erstbewegers oder aus dem Wunsch, einen Ort für Gott im Universum anzugeben. Der Urknall wäre dann wie eine Ikonostase[15] in orthodoxen Kirchen, die den profanen Teil der Kirche für die Gläubigen, vom heiligen Teil mit dem Altar trennt, wo nur Priester Zutritt haben. Zur Trennwand zwischen Welt und Gott wird später noch etwas zu sagen sein. Theologisch macht es keinen Sinn, die Trennung auf einen Vorgang zu beschränken, der heute in einer unbekannten Randzone des Universums in einer Entfernung von 13,8 Milliarden Lichtjahren nur sehr beschränkt zu beobachten ist.

Es fällt uns vom wissenschaftlichen Fortschritt Verwöhnten vielleicht schwer, Fragen zum Urknall unbeantwortet zu lassen. Ich nehme mir hier den bekannten amerikanischen Physiker Richard Feynman zum Vorbild, der sagte: »Ich kann mit Zweifel und Ungewissheit und Nichtwissen leben. Ich denke, es ist viel interessanter mit Nichtwissen zu leben als Antworten zu haben, die vielleicht falsch sind«.[16] Der Urknall ist wie ein Horizont in der Zeit, eine Grenze, hinter die wir mit großer Wahrscheinlichkeit nie werden blicken können.

Schwarze Löcher: Horizonte im Raum

Im Schwarzen Loch tritt eine zweite Grenze auf, diesmal im Raum. Das Innere eines kollabierenden Sternes, das nicht als Supernova-Auswurf herausgeschleudert wird, kann durch keinen Gasdruck aufgehalten werden und fällt weiter zusammen. Die Schwerkraft wird immer größer, bis der stellare Überrest hinter dem sogenannten Ereignishorizont verschwindet. Innerhalb dieser kugelförmigen Grenze ist der Raum in sich selbst gekrümmt. Anders gesagt: Keine Rakete, nicht einmal das Licht, das sich mit der größtmöglichen Geschwindigkeit fortbewegt, kann dem Schwarzen Loch entweichen. Selbst Licht, das im Innern eines Schwarzen Lochs senkrecht nach oben ausgesendet würde, fiele wieder zurück, wie ein nach oben geworfener Stein. Schwarze Löcher kann man nur indirekt an ihrer Schwerkraft erkennen, wie sie auf nahe Sterne wirkt.

Der Ereignishorizont trennt den normalen Raum, in dem wir uns befinden, vom Innern eines Schwarzen Lochs. Wie es im Innern aussieht, wissen wir nicht und werden wir nie wissen. Es könnte einen Hohlraum im Zentrum geben mit einem erdähnlichen Planeten in der Mitte. Die Schwerkraft im Zentrum würde sich aufheben, und auf der Oberfläche des Planeten wäre sie gleich wie auf der Erde. Vielleicht ist dort eine paradiesische Welt oder eine Hölle voller Drachen. Die Bewohner könnten keine Signale über ihre Existenz in den Weltraum senden. Sie wären durch den Ereignishorizont für immer vom Rest des Universums abgesondert.

Alles nur Phantasie! Der Ereignishorizont ist eine räumliche Grenze, die es unmöglich macht, das Gebiet dahinter zu beobachten oder zu erforschen. In vielem gleicht der Rand dieser Schwarzen Löcher dem zeitlichen Horizont des Urknalls. So greifen naturwissenschaftliche Methoden ebenfalls ins Leere, wenn man fragt, was dahinter liege. Weil wir nicht hinter den Horizont blicken können, gibt es darüber auch nichts Naturwissenschaftliches auszusagen. Zweifellos wird es Fortschritte geben im Verständnis des Grenzgebiets zum Schwarzen Loch (z. B. durch eine quantisierte Gravitationstheorie). Die Grenzen der menschlichen Erkenntnis bewegen sich und werden nie gefestigt sein, aber an den Ereignishorizont werden wir uns wahrscheinlich gewöhnen müssen.

Schwarze Löcher gibt es in unserer eigenen Galaxie in zwei Größenklassen. Die kleineren Schwarzen Löcher entstehen aus Sternen, welche die Masse der Sonne um einen Faktor von etwa acht übertreffen. Nachdem diese Sterne ihre nukleare Energie aufgebraucht haben, kollabieren sie und werfen eine Supernova-Hülle ab. Ist der Rest noch genügend groß, kontrahiert er zu einem Schwarzen Loch. Die Umlaufgeschwindigkeiten von Begleitsternen verraten die Masse des Zentralobjekts. Aus solchen Beobachtungen sind heute etwa ein Dutzend gute Kandidaten von Schwarzen Löchern bekannt. Eine andere Art von Schwarzen Löchern, um viele Zehnerpotenzen größer, dominiert die innerste Region von Galaxien. Im Zentrum der Milchstraße, zum Beispiel, befindet sich ein supermassives Schwarzes Loch von drei Millionen Sonnenmassen.

Gott im Bereich vor dem Urknall zu suchen, scheint mir aussichtslos. Warum und wie sollten wir das tun? Noch absurder wäre es, Gott in Schwarzen Löchern zu vermuten. Die Frage nach Gott ist jedoch zu interessant, um sie zu tabuisieren. Der Gottesbegriff wird an einer ganz anderen Grenze wieder auftauchen, die im folgenden Abschnitt vorgestellt wird.

Stille der Sterne: Grenze der Methodik

Dann und wann nehme ich Sterne auf eine andere Art wahr als durch hochtechnisierte Instrumente und ohne sie wissenschaftlich begreifen zu wollen. In einer sternklaren Nacht in den Bergen oder in der Wüste ist der Sternenhimmel schlichtweg überwältigend. Walt Whitman (1819–1892), ein amerikanischer Dichter, hat diese andere Art der Sternbetrachtung im folgenden Gedicht beschrieben:[17]

Als ich den gelehrten Astronomen hörte,
Als die Beweise, die Zahlen, in Kolonnen vor mir ausgebreitet wurden,
Als man mir die Tabellen und Diagramme vorlegte, um zu addieren,
dividieren und zu messen,

Als ich, sitzend, den Astronomen hörte, wie er im Hörsaal mit viel
Applaus vortrug,
Wie bald wurde ich unerklärlich müde und übersatt,
Bis ich, mich erhebend und hinausgleitend, wegschweifte, allein
In die mystische feuchte Nachtluft, und, von Zeit zu Zeit,
Hinaufschaute in vollkommener Stille zu den Sternen.

Whitman spricht hier zwei Arten von menschlicher Erfahrung mit dem gestirnten Himmel an: zuerst die objektiven, naturwissenschaftlichen Beobachtungen, das Messen der Astronomen und dann das poetische, mystische oder transzendente Erlebnis. Bei dieser zweiten Art von Wahrnehmung kann der Mensch nicht in der Zuhörerrolle verharren, es braucht ihn selbst als Beobachtungsinstrument. Whitman hat direkt teilgenommen an dieser zweiten Wahrnehmung der Sterne. Sie hat ihn persönlich betroffen und, bildlich gesprochen, ist er mit dem Kosmos in Resonanz geraten.

Als ich das Gedicht zum ersten Mal las, war ich enttäuscht, wie gering Whitman anscheinend die wissenschaftliche Astronomie achtet. Aber es gibt einen inneren Bezug zwischen den beiden Teilen des Gedichts: Es war nicht eine beliebige dunkle Nacht, von denen es viele gab im stromlosen Amerika des 19. Jahrhunderts; es war die Nacht des Astronomie-Vortrags. Ich verstehe das Gedicht so, dass das Wissen des Astronomen den Weg bereitet hat zur eigenen Erfahrung als Mensch. Die Astronomie hat den Poeten mit einem neuen Weltbild konfrontiert und ihm einen Horizont eröffnet, in dem sich Whitman zunächst schmerzhaft und rational wiederfinden musste und es dann – in direkter Beziehung zur Wirklichkeit – staunend tat. Whitman hat die Einheit mit dem Kosmos auf zwei Ebenen erfahren. Der Vortrag des Astronomen brachte ihm den Sternenhimmel rational näher in naturwissenschaftlichen Fakten und Erklärungen. Darum sprach ihn die alltägliche Kulisse der Sterne in der Folge auch auf emotionaler Ebene an. Im mystischen Erlebnis, das er mit »Stille« umschreibt, nimmt er persönlich teil.

Auch als berufstätiger Astronom und der objektiven Wissenschaft verpflichtet kenne ich Momente, wie sie Whitman geschildert hat. Vielleicht erinnern sich einige Leserinnen und Leser an eigene Erlebnisse dieser Art. Es sind unvergessliche Augenblicke, in denen die Zeit stillzustehen scheint. Sie können Eckpunkte im Leben sein, an denen alles zur Ruhe kommt oder sich ändert. Sie haben dann eine konkrete Wirkung, und stellen somit auch etwas Wirkliches dar.

Wir wollen Whitman, einem Menschen des romantischen Jahrhunderts, verzeihen, dass er die zweite Erfahrung offensichtlich höher wertete als die erste. Im 21. Jahrhundert und gerade, weil das astronomische Wissen in der Zwischenzeit gewaltig zugenommen hat, ist es wichtig, zwischen den beiden Wahrnehmungsarten zu vermitteln. Wenn sich Gefühl und Verstand begegnen, kommt es zu solchen direkten Begegnungen mit dem Universum, wie sie Whitman eindringlich schildert. Sie zeigen, dass die Erlebniswelt des Menschen größer ist als der Bereich der Naturwissenschaften. Das Wahrnehmen der »Stille« ist keine naturwissenschaftliche Beobachtung. Die Stille der Sterne kann daher nicht astronomisch erklärt werden, und muss es auch nicht. Sie ist kein Teil der Astronomie und liegt jenseits der Grenze der Naturwissenschaften.

Die Methodik der Astrophysik führte uns zu Grenzen in Raum und Zeit. Die Auswahl der Messungen und Beobachtungen, welche diese Methodik voraussetzt, setzt ebenfalls eine Grenze. Sie ist weniger augenfällig, weil sie nur in einer Perspektive von außerhalb der Naturwissenschaften wahrnehmbar wird. Diese »Außengrenze« ist im Dialog mit den Geisteswissenschaften entscheidend. Ohne sie wäre das Thema des nächsten Kapitels nicht verständlich.

Entstehung und Schöpfung

An einem heiteren Montagmorgen platzte ein Doktorand mitten in die angeregte Kaffeerunde im Institut: »Wisst ihr, dass 40 Prozent der Naturwissenschaftler glauben, dass Gott die Menschen gemacht hat?« Nach einer etwas betretenen Stille fragte ich ihn, ob er sich denn vorstellen könne, welches Bild Leute, die so denken, sich von der Erschaffung des Menschen machten. Er verwahrte sich gegen diese Frage und betonte, dass er natürlich an die Abstammung der Menschen von den Affen glaube. Ich wollte trotzdem wissen, welches Bild von Schöpfung sich die anderen 40 Prozent machten. Seine Antwort war simpel: »Entweder hat Gott den ersten Menschen gemacht oder Mensch und Affe entwickelten sich aus gemeinsamen Vorfahren.« Einigen in der Runde war diese Alternative zu naiv, niemand konnte oder wollte ihr aber etwas Überzeugendes entgegensetzen. Befremdet stellte ich fest, dass die Tabuisierung des Themas dazu führt, dass hierzulande selbst unter Akademiker der Begriff »Schöpfung« zum Teil ähnlich verstanden wird wie unter Fundamentalisten im Bible Belt der amerikanischen Südstaaten. Erstaunlicherweise begegnet man aber in den Medien dem Begriff recht häufig. Was soll man sich unter Schöpfung vorstellen?
In diesem Kapitel geht es um eine Gegenüberstellung von naturwissenschaftlichen Erkenntnissen zur Stern- und Planetenentstehung und theologischen Schöpfungsvorstellungen. Die beiden, so meine These, sind nur verständlich und in ein produktives Verhältnis zu setzen, wenn sie *aus verschiedenen Wahrnehmungen stammen.* Sie begegnen sich neben anderem im Staunen.

Physikotheologie

In den Schöpfungsgeschichten verschiedener Religionen wird berichtet, wie Gott oder die Götter Sterne und Planeten erschaffen haben. Es ist zu beachten, dass in diesen Überlieferungen, einschließlich den beiden Erzählungen in Genesis 1 und 2-4 der Bibel, die Schöpfung in einer mythischen Vorzeit stattfindet. Es entstanden Erde, Mond, Sterne, Pflanzen,

Tierarten und die Menschheit. Diese Zeit ist längst vergangen und uns in der heutigen, realen Zeit nicht mehr zugänglich. Die den Schöpfungsgeschichten nachfolgende, heutige Welt ist statisch. Wenn sie sich noch ändert nach dem Schöpfungsakt, wird sie höchstens schlechter (wie zum Beispiel im Sündenfall[18] oder in den griechischen Weltaltern, vom goldenen zum eisernen fortschreitend). Ob Mythen erklären können, wie die Welt entstand, haben griechische Philosophen bereits in der vorsokratischen Zeit in Frage gestellt.

Im 17. Jahrhundert, kurz bevor die natürliche Entwicklung in der Geologie entdeckt wurde, feierte die religiöse Erklärung von Naturphänomenen fröhliche Urständ in der Physikotheologie[19] (gr. phýsis = Natur, Welt). Es war die Zeit großer Entdeckungen in Biologie und Geographie. Wie Enzyklopädisten sammelten die Physikotheologen wundersame neue Erkenntnisse in allen Details und wurden nicht müde, sie mit dem Schema zu deuten, dass dies alles Gott in seiner Allmacht, Weisheit und Güte so wunderbar sinnreich eingerichtet habe. Etwas zugespitzt: Gott schuf in seiner Gnade den Frosch grün, damit ihn der Storch im Gras nicht findet. Die Natur sei folglich ein vernünftiger Beweis für die Existenz Gottes.

David Hume (1711–1776) und später Kant haben den physikotheologischen Gottesbeweis als Zirkelschluss entlarvt: Gott ist weise; wir beobachten, dass Sterne zweckmäßig sind; also müssen sie von Gott geschaffen sein; also existiert Gott. Die Annahme »Gott ist weise« setzt seine Existenz bereits voraus, und damit ist die Argumentation nicht beweiskräftig. Der Schluss ist auch darum falsch, weil Zweckmäßigkeit andere Ursachen haben kann. Die Naturwissenschaften, allen voran die Biologie, haben dies in der Folge gezeigt. Mit der Erkenntnis einer sich entwickelnden Welt, in der alle Dinge erst im Lauf der Zeit entstanden sind, fand sich die Physikotheologie in der Rolle einer Konkurrentin zu den Naturwissenschaften. Sie bekam aber auch Kritik von Seiten der Theologen, die bemängelten, dass der biblische Gott kein Designer am Reißbrett sei. Vielmehr, wie Mose am brennenden Dornbusch erfuhr, erweist sich Gott beim Exodus Israels aus Ägypten als »der, der er sein wird«[20]. Der biblische Gott schaffe nicht als pflichtbewusster Konstrukteur, sondern mit freiem Willen. Wollte man Gott in der Welt erkennen, könne man auf Grund der Leiden und Katastrophen auch zum Schluss kommen, Gott sei »ein Stümper«.[21] Besonders heftig hat Karl Barth (1886–1968) die Ideen der natürlichen Theologie abgelehnt, zu der sich die Physikotheologie weiterentwickelte, und ihr entgegengehalten, dass es »hinsichtlich dessen,

was die heilige Schrift ... unter Gottes Schöpfungswerk versteht, keine naturwissenschaftlichen ... Hilfestellungen geben kann«.[22]
Die Physikotheologie hat im 17. Jahrhundert zweifellos das Interesse an der Natur beflügelt. Gelehrte entwickelten Instrumente – wie Jan Swammerdam (1637–1680) das Mikroskop – zum genaueren Hinsehen und lernten, der Natur wissenschaftliche Fragen zu stellen. Die erstaunlichen Resultate, welche diese neue Art der Forschung hervorbrachte, lieferte Anstöße zu theologischen Fragen und Interpretationen. Daher war die Physikotheologie als Erbauungsliteratur vor allem in protestantischen Kreisen sehr beliebt. Es gab jedoch eine negative Seite: Im Versuch, Gott aus naturwissenschaftlichen Erkenntnissen nachzuweisen, reduzierten Physikotheologen den Gottesbegriff auf die naturwissenschaftliche Ebene. Sie ist mit den Worten von Whitman die Ebene der Zahlen, Kolonnen, Tabellen und Diagrammen. Wie sollte Gott in dieser Ebene erscheinen außer in Erklärungslücken? Aber diese Lücken, die dann als planmäßige Eingriffe erklärt werden, gehören derselben Ebene an, der Ebene der Naturwissenschaften, und sind daher mit naturwissenschaftlichen Methoden untersuchbar. Diese Art von Gott als Erklärung für natürliche Gegebenheiten braucht es in den Naturwissenschaften nicht, wie Laplace hundert Jahren später feststellte (s. S. 30). Heutige physikotheologischen Entwürfe mit schwungvollen Namen wie Kreationismus und Intelligent Design kranken an derselben Stelle.[23] Sie konservieren die Vorstellung von Gott als Naturerklärung. Das soll uns aber das Staunen über die wunderbaren Vorgänge im Universum, das uns mit den Physikotheologen verbindet, nicht verbieten.

Warum von Schöpfung reden?

Nach diesem Exkurs in die Vergangenheit, die bis heute ausstrahlt, müssen wir uns fragen, ob man auf den Begriff Schöpfung nicht besser verzichten und den Begriff Gott auf existenzielle Lebenserfahrungen einschränken sollte. Offensichtlich ist die Vorstellung einer Schöpfung vor der Zeit nicht mehr haltbar in einem Universum, in dem alle Dinge erst nach dem Urknall entstanden sind und wo heute noch Neues entsteht. Die vorangehenden Kapitel führten vor Augen, dass Gott in naturwissenschaftlichen Theorien zur Entstehung von Sternen und Planeten und zur Entwicklung des Universums nicht nötig ist. Warum überhaupt von Gott reden im Zusammenhang mit der Natur?

Die ältesten Schriften in der Bibel, in denen von Schöpfung die Rede ist, sind die Psalmen. Ihre heutige Fassung stammt aus den Jahren um 200 v. Chr. Einzelne Teile haben jedoch ihren Ursprung in der Zeit von König Salomo (Regierungszeit ungefähr 965–926 v. Chr.).[24] Diese Teile sind sicher älter als der erste Schöpfungstext (Gen 1-2,4) am Anfang der Bibel und vielleicht auch als die ältesten Teile der zweiten Schöpfungsgeschichte. In Psalmen sind uns uralte Verse von gottesdienstlichen Liedern erhalten. Der größte Teil sind Klage- und Danklieder, zum Teil von einzelnen Personen, vielfach aber als Ausdruck des ganzen Volks und seiner erfahrenen Geschichte. Es gibt auch Hymnen (vor allem Psalm 19 und 104), die mit feinsinniger Poesie Gottes Wirken in der Natur nachzeichnen. Warum reden Psalmen von Gott in der Natur? Die Erfahrungen der Israeliten mit Jahwe fanden vor allem in ihrer Geschichte statt, nicht in der Natur. Es geht offensichtlich nicht um Gottesbeweise oder Welterklärung. Vielmehr drücken die Schöpfungsvorstellungen der Psalmen aus, dass in der Natur ähnliche Ordnungen und Abläufe wie in persönlichen und geschichtlichen Ereignissen zu erkennen sind.

In Psalmen wird die Schöpfung gelobt. Eine der Erfahrungen, die dies begründen, ist das Staunen. Wir Menschen haben die Natur nicht selbst erschaffen, und doch sind die Lebensbedingungen im Vergleich zu anderen denkbaren Verhältnissen auf anderen Planeten und im Universum erstaunlich zweckmäßig. Gewiss hatte das Leben Milliarden von Jahren Zeit, sich anzupassen. Über das reine Überleben hinaus stellen die Psalmisten jedoch noch einen Überschuss an Güte fest. Diese Erfahrung hat ein persönliches und subjektives Element: Die Welt ist nicht absolut gut, aber aus der Perspektive der Psalmisten sinnreich und des Lobens wert. Dies ist kein wissenschaftliches Ergebnis. Die Psalmisten machen keine Statistik, weisen nicht nach, dass der Durchschnitt zwischen gut und schlecht leicht positiv sei, und argumentieren nicht, dass selbst im Schlechten noch Gutes sei. Sie lassen sich direkt ansprechen von der Sonne, von Flüssen, Tieren und dem Gras.[25] Allerdings ist es keine heile Welt, denn es gibt auch andere Erfahrungen: Wenn wir noch tiefer gehen, hat dieses psalmistische Staunen eine Vorgeschichte: erschreckende Erlebnisse, Flucht, Kriege, Deportation, Verlust der Eigenstaatlichkeit, die Sorge vor der Zukunft und Überlebensangst. Bei den Psalmisten überdauerte das Staunen.

Von Schöpfung (und dem Schöpfer) zu reden, so meine These, ist nur sinnvoll, wenn dieses Reden letztlich auf *konkrete Wahrnehmungen* bezogen ist. Allerdings ist es ein ganz bestimmtes Wahrnehmen: Es sind keine naturwissenschaftlichen Messungen, über die man sich in der Fachliteratur informieren könnte. Man muss selbst hinschauen und sich überwältigen lassen, dass alltägliche Dinge gut sind inmitten einer gefährdeten und verletzlichen Welt.[26] Der Staunende registriert nicht nur die Welt, objektiv und naturwissenschaftlich, er reagiert darauf mit einem Gefühl, das sich einstellen und das er zulassen kann oder nicht. Im Begriff Schöpfung geht es nicht um Erklärungen von naturwissenschaftlichen Messungen oder Beobachtungen. Schöpfung hat etwas mit Wirklichkeit zu tun, die wir auf einer anderen Ebene als der naturwissenschaftlichen wahrnehmen.

Das Gleichnis vom schönen Garten

Antony Flew kritisierte 1955 in seiner bekannten Gärtnerparabel das Gottesbild der Physikotheologie.

> Es waren einmal zwei Forschungsreisende, die kamen zu einer Lichtung im Dschungel, wo viele Blumen und Kräuter wuchsen. Da sagte der eine Forscher: »Es muss einen Gärtner geben, der dieses Stück Land bebaut.« Der andere widersprach: »Es gibt hier keinen Gärtner.« Da schlugen sie ihre Zelte auf und überwachten die Lichtung. Aber kein Gärtner ließ sich blicken. »Vielleicht ist es ein unsichtbarer Gärtner.« So zogen sie einen Zaun aus Stacheldraht und setzten ihn unter Strom. Und sie schritten ihn mit Spürhunden ab … Kein Schrei aber ließ jemals vermuten, dass ein Eindringling einen Schlag bekommen hätte, keine Bewegung des Drahtes deutete jemals auf einen Unsichtbaren hin, der hinüberklettert. Dennoch war der Gläubige noch nicht überzeugt: »Es gibt einen Gärtner, unsichtbar, unberührbar, unempfindlich gegen elektrische Schläge, einen Gärtner, der keine Spur hinterlässt und keinen Laut von sich gibt, der aber heimlich kommt und sich um den Garten kümmert, den er liebt.« Schließlich sagte der Skeptiker verzweifelt: »Was ist denn eigentlich von deiner ursprünglichen Behauptung übrig geblieben? Wie unterscheidet sich denn dein unsichtbarer, unberührbarer, ewig unbegreifbarer Gärtner von einem eingebildeten oder gar von überhaupt keinem Gärtner?«[27]

Der Glaube des Physikotheologen bleibt von der harten Realität unberührt, verliert aber den Bezug zur Wahrnehmung und, so der Verdacht von Flew, wird sinnlos. Flew muss sich allerdings gefallen lassen, dass man sein Gottesbild heute theologisch kritisiert. Auch wenn dieses Gottesbild im christlichen Abendland entstand, hat es wenig gemeinsam mit der biblischen Auffassung. Die Forscher der Parabel haben Gott am falschen Ort gesucht. Es könnte zum Beispiel folgendermaßen weitergehen:

> Die Forscher hatten durch ihre Versuche, Analysen und auch durch Gewöhnung den Blick für die Schönheit des Gartens gänzlich verloren. Am Tage vor der Abreise schlenderte der Skeptiker nachdenklich durch den Garten und stand unverhofft vor einer herrlich blühenden roten Rose. Sie stand frei und groß in einer Wiese. Die leuchtende Farbe, die zarte Form der Blütenblätter und der Kontrast zum dornigen Stängel nahmen den Skeptiker in Beschlag. Die Blume erinnerte ihn an etwas, das er längst vergessen hatte. Es wurde ihm warm ums Herz, und er fühlte sich mit der wunderbaren Pflanze innerlich verbunden. Der Gedanke traf ihn, dass sie Teil eines Ganzen sei, das nicht nur den Garten, nein auch ihn selbst umfasse, ja dass er folglich selbst Teil einer umfassenden Schönheit sei. Als er dann weiterging, fragte er sich, ob ihn seine Wahrnehmung nicht trog. Ob denn Schönheit nicht Illusion sei, das Geflunker von Synapsen im Gehirn? Doch er spürte eine Wirkung, das Glücksgefühl klang in ihm nach. Als er etwas später mit seinem Kollegen abreiste, bemerkte auch dieser seine Veränderung. »Wir haben alles untersucht ausser der Schönheit der Blumen«, sagte der Skeptiker. Der andere antwortete: »Schönheit ist nicht messbar und beweisbar. Man erfährt sie nur, indem man sich von ihr ansprechen lässt und an ihr teilnimmt. Schönheit ist keine Annahme oder Behauptung, sondern eine überwältigende Erfahrung. Wir hätten wissen sollen, dass es mit ihrem Schöpfer ähnlich ist: Er ist nur erkennbar, wenn wir uns staunend von seiner Güte ergreifen lassen. Dazu müssen wir persönlich bereit sein und so unseren Teil zu dieser Wahrnehmung beitragen. Gewiss war er im Garten, wir aber waren mit unseren Messungen zu beschäftigt, um ihn wahrzunehmen. Wir haben unsere Zeit verschwendet.«

Fassen wir zusammen: Der Begriff »Schöpfung« wird heute oft im Sinne von vorwissenschaftlichen Erklärungsversuchen natürlicher Gegebenheiten oder als Synonym für die von Menschen unberührte Natur verwendet. Um beides geht es hier nicht. Ursprünglich liegen dem Begriff, wie er zum Beispiel in der Bibel erscheint, persönliche und geschichtliche Erfahrungen zugrunde. *Was Schöpfung ist, wird wie Schönheit auf einer anderen*

Ebene als der naturwissenschaftlichen erfahren. Es geht um etwas anderes als um die Frage nach den kausalen Abläufen der Entstehung. Was sind diese Erfahrungen? Um Schöpfungswahrnehmungen, die sich zu Schöpfungsvorstellungen verdichten, geht es im Folgenden. Dazu müssen wir im nachfolgenden Teil erst unseren kosmischen Rundblick in Richtung Zukunft erweitern. Regt die Entstehung von Neuem zu fasziniertem Staunen an, zeigt die weitere Entwicklung ein unheimliches Gegenstück: der Zerfall. Er beansprucht gleiches Recht in der Entwicklung wie das Entstehen und muss in einem realistischen Begriff von Schöpfung ebenfalls Platz finden.

Zweiter Teil
Vergehen und Erschrecken

Die Entwicklung geht weiter

Die große Erkenntnis der Astrophysik in der zweiten Hälfte des 20. Jahrhunderts war, dass das Universum eine Geschichte hat. Der Kosmos wurde nicht erschaffen, um dann im ewig gleichen Zustand zu ruhen. Ohne Entwicklungen im Universum wäre der Mensch nicht entstanden. Wir sind ein Teil der kosmischen Geschichte. Aber diese Geschichte geht weiter. Nachdem ein Stern oder Planet entstanden ist, entwickelt er sich. Die kosmische Dynamik bleibt nicht stehen.

Die junge Sonne

Übersteigt im Zentrum des jungen Sternes die Temperatur 10 Millionen Grad, beginnen Wasserstoffkerne zu Helium zu verschmelzen und im Innern wird so viel Energie frei, dass sich der gesamte Aufbau und die Atmosphäre des Sternes ändern. Pro Sekunde verschmelzen 570 Millionen Tonnen Wasserstoff. Die Energie einer Sekunde würde genügen, um die Menschheit beim heutigen Konsum während einer Million Jahre mit der notwendigen Energie zu versorgen. Zunächst transportiert Wärmestrahlung die Energie nach außen. Im äußersten Drittel der Sonne nimmt die Temperatur so schnell ab, dass die Schichten instabil werden: Heißes Gas aus dem Innern steigt auf, kühlt sich an der Oberfläche ab und sinkt wieder zurück. Diese Gasströmungen befördern die Wärme nach außen. Das Auf und Ab der Wärmeströmungen im äußeren Teil der Sonne hat Folgen. Weil das Gas Tausende von Grad heiß ist, bewegen sich die Atome schnell und ihre gegenseitigen Stöße sind so heftig, dass Atome dabei Elektronen aus der Hülle verlieren. Auf diese Weise ionisierte Atome und Elektronen sind elektrisch geladen und reagieren auf die Kraft des Magnetfeldes. Geladene Teilchen sind an das Magnetfeld gebunden wie Perlen an einer Schnur. Perlen können sich entlang der Schnur bewegen, bleiben aber mit ihr fest verbunden. Perlen und Schnur sind ein gekoppeltes System. Wird die Schnur bewegt, reißt sie die Perlen mit und umgekehrt. Die Schnur ist elastisch und wirkt wie ein Gummifaden. Bewegen sich die Perlen und dehnen den Faden, leistet die elastische Kraft des Fadens Wi-

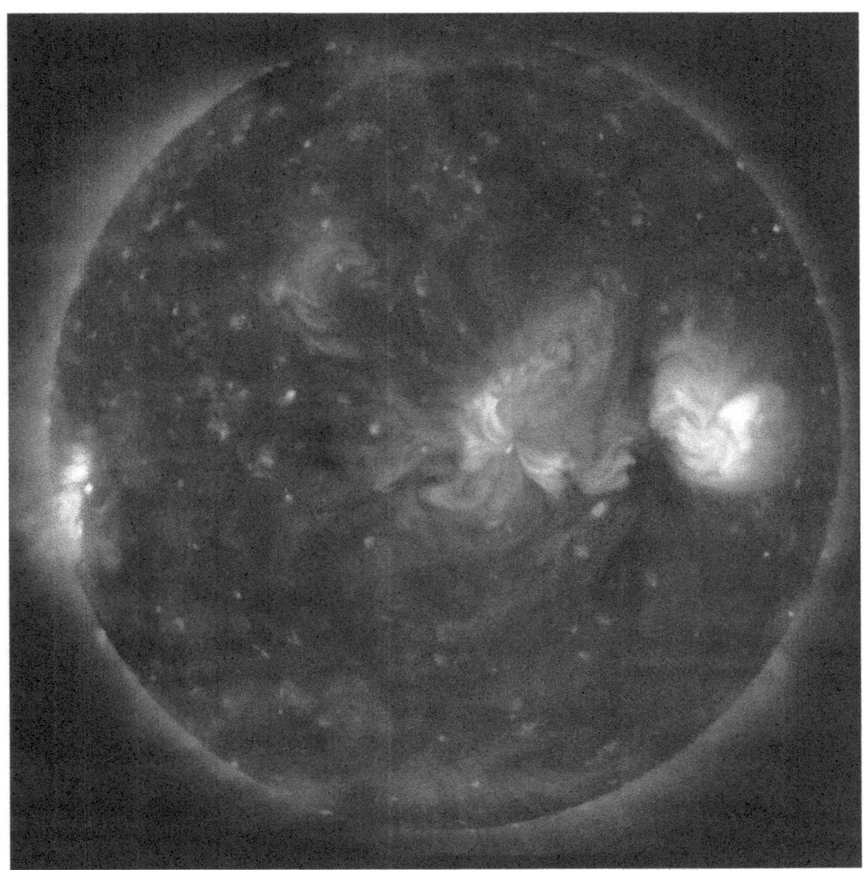

Abbildung 8: *Die äußere Atmosphäre der Sonne, die Korona, ist eine Million Grad heiß und glüht in Röntgenstrahlen. Sie werden im Bild durch helle Färbung sichtbar gemacht. Helle Gebiete liegen über Sonnenflecken, sind heißer und dichter. Das heiße Gas hat Überdruck und fließt von den dunkleren Stellen als Sonnenwind in den Weltraum ab. Auch die unter der Korona liegende Schicht wird geheizt und liefert der Korona frisches Gas nach (Foto: Hinode Satellit, JAXA, NASA).*

derstand. Dies bedeutet im übertragenen Sinn, dass die bewegten Teilchen Energie ins Magnetfeld abgeben und es verstärken, bis die Kraft des Magnetfeldes schließlich das Gas zügelt und beherrscht.

In Sonnenflecken ist das Magnetfeld durch Gasbewegungen im Innern so verstärkt, dass es horizontale Bewegungen blockiert. Damit unterbindet es auch die Wärmeströmung, die in großen Konvektionszellen heißes Gas aus dem Innern hochbringt, das sich an der Oberfläche abkühlt, seitwärts driftet und wieder absinkt. Ein Flecken wird weniger geheizt, bleibt etwas kühler als die Umgebung und wirkt daher dunkel. Er enthält eine unvorstellbare Menge an magnetischer Energie.

Wenn Magnetfelder mit Wärmeströmungen an die Oberfläche kommen, breiten sie sich in die Atmosphäre aus. Dort gewinnen die Magnetfelder die Oberhand und bauen sich selber ab. Dabei wird Energie frei, welche die dünne Atmosphäre auf mehr als eine Million Grad zur Korona aufheizt. Gelegentlich treffen gegenläufige Magnetlinien aufeinander und löschen sich gegenseitig aus. Das Magnetfeld entlädt in diesem Moment seine Energie explosionsartig. Man nennt dieses Phänomen »Eruption« oder englisch »Flare«. Die Energie wird in einem Volumen von ungefähr der Größe der Erde freigesetzt und kommt etwa jener gleich, die im Sonneninnern pro Sekunde erzeugt wird. Nur ist die Energiefreisetzung in Flares nicht im Innern verborgen, sondern leuchtet in sämtlichen Wellenlängen von Gammastrahlen bis Radiowellen auf. Die Gasteilchen in der Korona werden auf halbe Lichtgeschwindigkeit und mehr beschleunigt. Ein Teil davon trifft als Teilchenhagel auf die Sonnenoberfläche auf und bringt sie zum Leuchten in Röntgenstrahlen. Der Rest breitet sich in den Weltraum aus.

Wie die Korona geheizt wird, ist nicht klar. Vielleicht sind es viele kleine Eruptionen, welche millionenfach pro Sekunde über der ganzen Sonne ihre Energie an die Korona abgeben. Andere Szenarien schlagen Wellen vor, welche von der blubbernden Oberfläche ausgehen. Die Korona ist so heiß und dicht, dass die Schwerkraft der Sonne die Atmosphäre nicht zurückhalten kann. Die äußere Korona strömt als Sonnenwind an den Planeten vorbei in den Weltraum ab. Der Massenverlust ist äußerst gering und macht bei der heutigen Stärke des Sonnenwinds noch kein Promille der Sonnenmasse aus seit der Entstehung der Sonne. Gelegentlich werden ganze Teile der Korona ausgeworfen, weil ihr Magnetfeld instabil wird. Als sogenannte koronale Massenauswürfe durchpflügen sie den Raum zwischen den Planeten, und ihre Schockwellen bringen Sturm ins Sonnensystem.

Der ausströmende Sonnenwind bläst eine Höhle in das interstellare Gas, die Heliosphäre, und hält auf diese Art verschiedene Einflüsse aus dem Weltraum von der Erde fern: hochenergetische Teilchen (kosmische Strahlen), interstellares Gas und Schockwellen. Der Sonnenwind hat in der Nähe der Erde noch eine Temperatur von hunderttausend Grad und ist daher ionisiert. Wieder wirkt das Magnetfeld wie eine Schnur, aber die Perlen können nicht auf eine Schnur gelangen, die mit der Erde verbunden ist. Das Magnetfeld der Erde lenkt den Sonnenwind von unserem Planeten ab, sodass er nicht mit unserer Atmosphäre in Berührung kommt. Wichtiger noch als die Abschirmung vom Sonnenwind: Das irdische Magnetfeld hält auch den größten Teil des Teilchenhagels von Sonneneruptionen von uns fern. Diese ebenfalls elektrisch geladenen Teilchen mit viel höherer Energie wirken jedoch auf ungeschützte Astronauten wie Radioaktivität und können im Weltraum lebensbedrohend sein.

Auf der Erdoberfläche sind wir unter dem Schirm des Magnetfeldes gut geschützt vor der tödlichen Unbill des Weltraumwetters. Auch die eingangs erwähnte Röntgenstrahlung der Sonne kann uns nichts anhaben. Sie wäre ebenfalls eine gefährliche Strahlung für Menschen und würde ohne Schutz die tödliche Dosis weit übertreffen. Diesmal sind es Luftmoleküle, die uns beschützen. Sie absorbieren die gefährliche Strahlung in großer Höhe. Nur ein kleiner Rest im Ultravioletten kommt durch und macht sich zum Beispiel bei einem Sonnenbrand bemerkbar. So erscheint denn die Erdoberfläche als ein einzigartiger Ort im Sonnensystem, auf dem Leben gedeihen kann, eine wohl behütete Insel in den Stürmen der Sonne.

Das war nicht immer so. Das Magnetfeld, das letztlich für alle Sonnenaktivitäten verantwortlich ist, wird von der Rotation des Sterns angetrieben. Junge Sterne rotieren schneller, weil der Stern bei seiner Entstehung einen Teil des Drehimpulses vom kosmischen Wolkenkern erbt. Jungsterne mit einer Masse ähnlich wie die Sonne sind von einer tausendmal stärker leuchtenden Korona umgeben und haben zehntausendmal größere Flares. Auch wenn die junge Erde vielleicht wie heute durch Magnetfeld und Lufthülle geschützt war, so war dieser Schutz nie perfekt. Die Erde war früher einem viel größeren Teilchenbombardement und einer intensiveren Strahlungsbelastung ausgesetzt. Sie müssen auf die Entstehung und Entwicklung des Lebens Einfluss gehabt haben.

Design oder Nicht-Design?

Der Juwel Erde im lebensfeindlichen Universum weckt geradezu biblische Assoziationen. Steckt hinter diesem Garten Eden in der Wüste des Weltraums ein Plan? Nein! Von einem eigentlichen Plan wie bei Architekten oder Ingenieuren kann nicht die Rede sein. Einem Plan liegen Zweckbestimmung, Entscheide und Konzepte zugrunde. Gute Pläne werden nachträglich nicht leichtfertig abgeändert. Ein Plan verlangt konstante Grundgrößen oder mindestens eine bekannte Entwicklung. Das war bei der Erde kaum der Fall, haben sich doch die Sonne und ihr Einfluss auf die Erde seit ihrem Entstehen stark geändert. Zufälle spielten hinein.

Venus und Mars, unsere beiden Nachbarplaneten, sind nicht geeignet für Leben. Venus, näher zur Sonne, hat eine dichte Atmosphäre reich an Kohlendioxid. Der Treibhauseffekt treibt die Temperatur weit über den Siedepunkt des Wassers und macht die Atmosphäre für Leben unerträglich. Mars, auf der anderen Seite, ist zu klein, um eine dichte Atmosphäre zurückzuhalten und ist daher heute zu kalt für flüssiges Wasser. Gäbe es einen Plan, immer gemäß der üblichen Metapher, müsste man Venus und Mars als Fehlplanungen bezeichnen.

Design, wie der Plan heute meistens heißt, kann im übertragenen Sinn als verborgener roter Faden gemeint sein. Aber auch als Bild assoziiert Design einen Ursprung in längst vergangener Vorzeit, als der Plan erstellt wurde. Das ganze Universum samt allen monströsen Fehlentwicklungen erschienen dann ebenfalls als geplant. Auch als Bild passt Design nicht zu einem sich entwickelnden Universum, wo sich viele Prozesse den Ball zuspielen und der Zufall an wichtigen Stellen eingreift. Bedrängend wird die Situation, wenn der Plan nicht als Metapher oder Deutung erkannt wird. Der Plan beansprucht dann die Autorität einer naturwissenschaftlichen Theorie. Intelligent Design, wie er heute als Importprodukt daherkommt, schließt die naturwissenschaftliche Methode kurz und gibt eine vorschnelle und nur vermeintliche Antwort, wo naturwissenschaftliche Fragen derzeit offen sind.

Auch theologisch ist Design eine höchst zweifelhafte Metapher, reduziert sie doch das eigentliche Handeln Gottes in eine unerfahrbare Vorzeit. Zum sich entwickelnden Universum würde besser der Begriff einer fortwährenden Schöpfung (creatio continua) passen. Was das heißen könnte, muss allerdings später noch geklärt werden. Creatio continua und Design sind Begriffe, die einander ausschließen. Mit Schöpfung geht die Vorstellung einher, dass das Neue spontan und aus freiem Willen entsteht. Erschiene Neues nach einem Plan, dann wäre der Plan die eigentliche Schöpfung, die weit zurück in der Vergangenheit geschah. Es muss hier betont werden, dass beide Konzepte nicht der Ebene der physikalischen Messungen und Theorien entstammen, sondern beides bildhafte Konzepte sind, welche eine zunächst teilnehmend wahrgenommene Wirklichkeit beschreiben.[28] Inwieweit sie sich zum Deuten der kosmischen Wirklichkeit eignen, wird später diskutiert.

Metaphern zur Deutung des Universums sind mehr als reine Rhetorik. Sie steuern unsere Wahrnehmung. Auch das Universum lässt sich deuten. Diese Art des Erkennens mittels metaphorischer Deutung ist vom naturwissenschaftlichen Erklären zu unterscheiden.

Zerfall der Sonne

Die Energiequelle, aus der die Sonne schöpft, ist der Wasserstoff. Seine Verschmelzung zu Helium gibt der Sonne ein stabiles Gleichgewicht zwischen der Schwerkraft, welche das gasförmige Innere zusammenhält, und dem Druck, welcher die Gaskugel ausdehnen will. Dieses Gleichgewicht regelt sich selbst: Kühlt sich die Sonne ab, schrumpft ihr Durchmesser; somit steigen Dichte und Temperatur im Zentrum, und die Wasserstoffatome verschmelzen schneller. Diese zusätzliche Wärme erhöht den Druck, und die Sonne dehnt sich aus, bis das Gleichgewicht wieder hergestellt ist.

Das geht gut, solange der Wasserstoffvorrat reicht. Wir kennen den Vorrat aus der Masse der Sonne, aber auch den Energieumsatz aus ihrer Leuchtkraft. Dividiert man die beiden Größen, ergibt sich eine begrenzte Lebenszeit. Von Sternen, die viel früher als die Sonne entstanden, wissen wir ferner, dass sich die Wasserstoff-Verschmelzung beschleunigt und zum Schluss nicht aller Brennstoff umgesetzt wird. Die Asche der Verschmelzung, Helium, reagiert vorläufig nicht und sammelt sich im Zentrum an. Um den Druck zu stabilisieren, muss die Kernzone dichter und heißer werden und mehr Wärme erzeugen. Die Brennzone wandert nach außen. Dadurch leuchtet die Sonne immer heller. Die Leuchtkraft hat schon 30 Prozent zugenommen seit der Entstehung und wird in der nächsten Milliarde Jahren nochmals 10 Prozent zulegen. In sechs Milliarden Jahren wird die Sonne 2,2 mal heller sein, und Mars wird von ihr so stark besonnt wie heute die Erde.

In sieben Milliarden Jahren wird sich die Entwicklung dramatisch beschleunigen. Die Sonne wird sich innerhalb von 150 Millionen Jahren zweimal zu einem Roten Riesen aufblähen. Die sichtbare Oberfläche wird sich dabei abkühlen und rötlich werden. Von anderen, älteren Sternen wissen wir, dass der Sonnendurchmesser bis zu einem Faktor zweihundert anschwellen und die Leuchtkraft den heutigen Wert bis zu einem Faktor tausend übertreffen wird. Die Sonne wird sich bis zum heutigen Bahnradius der Erde ausdehnen. Was wird aus der Erde? Vielleicht hat sie Glück: Wenn die Sonne größer wird, verstärkt sich der Sonnenwind. Er trägt schließlich ein Viertel der Sonnenmasse in den Weltraum hinaus. Die Sonne verliert damit an Schwerkraft, sodass sich die Bahnen der Planeten vergrößern werden. Für Merkur und Venus gibt es keine Hoffnung, die Sonne wird sie sich einverleiben. Nach den neusten Berechnungen kann auch die Erde der expandierenden Sonne nicht entfliehen.[29] Sie wird auf ihrer zukünftigen Bahn, wo heute Mars kreist, Sonnenmaterie anziehen und wird dadurch verlangsamt. Mit der Zeit wird die Erde zur Sonne sinken und verdunsten. In 7,5 Milliarden Jahren werden sich ihre Atome und damit auch alle Atome der menschlichen Körper mit jenen der Sonne vermischen.

Doch wird die Erde lange vorher unbewohnbar. Bereits in 1,2 Milliarden Jahren wird es auf der Erde Orte geben, wo die Temperatur 100 Grad Celsius überschreitet und Wasser in großen Mengen verdampft. Wasserdampf ist ein effizientes Treibhausgas, wenn es in der Luft in genügender Häufigkeit vorkommt. Der Treibhauseffekt des Wassers wird weit übertreffen, was die Menschheit durch Kohlendioxid-Abgase verursachen kann. Sobald genügend Wasserdampf in der Luft ist, steigt die Temperatur weiter an und verdampft noch mehr Wasser, bis alles verdunstet ist. Wassermoleküle in der oberen Atmosphäre werden vom Sonnenlicht aufgespalten, die einzelnen Atome entweichen ins Weltall und gehen für immer verloren. Nach dieser großen Treibhaus-Katastrophe werden Boden und Meere völlig ausgetrocknet sein. Die Erde aber wird heiß und unwirtlich, etwa so wie heute die Venus.

Wenn im Sonneninnern die Temperatur 100 Millionen Grad übersteigt, endet die erste Rote Riesenphase der Sonne abrupt. Der Druck im Zentrum wird genügend hoch, sodass Helium zu Kohlenstoff, Stickstoff und Sauerstoff verschmilzt. Dank dieser neuen Energiequelle tritt die Sonne in ein neues Gleichgewicht. Ihr Radius beträgt immer noch das Zehnfache von heute, aber für die nächsten 100 Millionen Jahre herrscht wieder Ruhe im Sonnensystem.

Das Heliumbrennen liefert nicht so viel Energie und dauert daher nicht so lange wie die Wasserstoffphase der Sonne. Wieder ändert sich der innere Aufbau, und zum zweiten Mal wird sie ein Roter Riese. Beim zweiten Mal pulsiert die Sonne in Perioden von zehntausend Jahren und reicht eventuell über die heutige Erdbahn hinaus. Die äußersten Hüllen der Sonne entgleiten der Schwerkraft und werden abgeworfen. Sie sind sichtbare Zeichen von Phasen mit besonders heftigem Sonnenwind. Als Kugelschalen treiben sie über hunderttausend Jahre in das interstellare Gas hinaus und bilden einen sogenannten planetarischen Nebel. Seine leuchtenden Farben können in der ganzen Milchstraße leicht beobachtet werden. Falls dies fremde Zivilisationen wirklich tun, werden sie wissen, was es im Sonnensystem geschlagen hat. Die Entwicklung der Sonne könnte die Bahnen der Planeten aus dem Gleichgewicht bringen, was für kleine Überlebende wie Mars gefährlich wird. Kommen nämlich Jupiter und Saturn von ihren Kreisbahnen ab und bewegen sich auf ausgestreckten Ellipsen, könnte Mars entweder in der Sonne verloren gehen oder ins Weltall hinausgeschleudert werden. Das Schicksal von Mars ist heute noch nicht besiegelt.
Computermodelle[30] geben der Sonne eine totale Lebenszeit von 12,36 Milliarden Jahren. Es bleiben noch 7,79 Milliarden Jahre, dann wird die nukleare Energie aufgebraucht sein. Die Sonne wird zu einem Weißen Zwerg zusammenfallen und langsam auskühlen. Ihr Durchmesser ist dann wenig mehr als jener der Erde und ihre Masse noch die Hälfte von früher. Zunächst leuchtet die Sonne noch weiß-blau, später rötlich und immer schwächer. Im ganzen Sonnensystem, soweit noch vorhanden, wird Weltraumkälte herrschen.

Entstehen und Vergehen

Was entsteht, wird vergehen. Der Zerfall hat zwingenden Charakter. Mit dem Entstandensein ist die stellare Entwicklung nicht abgeschlossen. Da sich fortwährend Energie umsetzt, die eines Tages erschöpft sein wird, geht das Entstehen nahtlos über ins Vergehen. Der Zerfall ist die Kehrseite des Entstehens. Die Kreativität im Universum impliziert auch schon das Vergehen von allen Dingen. Der Optimismus, der in den Modellen der Stern- und Planetenentstehung, aber auch in der biologischen Evolution mitschwingt, steht im Widerspruch zu den düsteren Aussichten in die Zukunft. Wir müssen akzeptieren, in einem Universum zu leben, in dem alles Materielle über kurz oder lang wieder zerfällt.

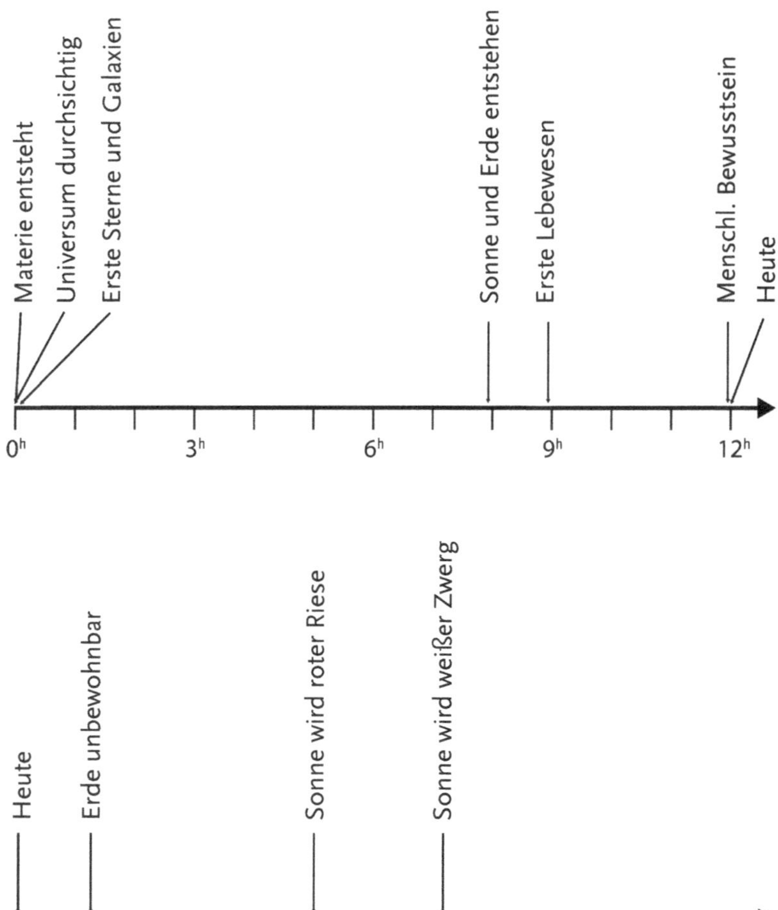

Abbildung 9: Oben: *Die Entwicklung des Universums und des Sonnensystems bis heute im Verhältnis zur Zeit von Mitternacht bis Mittag (13,8 Milliarden Jahre entsprechen 12 Stunden).*
Unten: *Die zukünftige Entwicklung des Sonnensystems im gleichen Maßstab.*

Wenn Entstehen und Vergehen zusammengehören, muss es zum Konzept von Schöpfung auch das entsprechende Gegenteil geben. In der heilen Welt der Physikotheologie ging dies vergessen. Die letzten Kapitel der Bibel zeichnen hingegen das Weltende in dunkeln Bildern. Frühere Menschen fühlten sich näher am Abgrund des kollektiven Erlöschens. Die Verbindung von Schöpfung und Tod war selbstverständlich. Ob Entstehen oder Vergehen mehr im Vordergrund steht, hängt von der Lebensphase des einzelnen Menschen und der jeweiligen gesellschaftlichen Stimmung ab.

Die Sonne wird zwar erst in unvorstellbaren Milliarden von Jahren verglühen. Trotzdem mischt sich ins Staunen über die unergründlich fein gesponnene Entstehungsgeschichte der Schatten der Vergänglichkeit. Die vermeintlich unverbrüchliche Beständigkeit der Sternenwelt ist dahin und mit ihr alle Dauerhaftigkeit der Welt. Es gibt keine ewigen Dinge im Universum. Als mir als Student zum ersten Mal die begrenzte Lebensdauer der Sonne bewusst wurde, war ich mehr erleichtert als erschrocken. Es wurde mir damit klar, dass auch keine noch so große irdische Leistung unendlichen Bestand haben kann. Alles, was wir in unserem Leben erreichen, wird vergehen, wahrscheinlich selbst die wissenschaftlichen Erkenntnisse. Unsterblichkeit können wir uns nicht erarbeiten und kann deshalb nicht das Ziel unserer Forschung sein.

Vergehen bedeutet hier nicht, dass Dinge im Nichts versinken. Zum Beispiel ist das Ende eines massereichen Sterns, wie S. 47 beschrieben, der Ausgangspunkt zum Entstehen von Planeten. Dazu gibt es eine Parallele im Reich der Lebewesen: Durch den Tod der Individuen kann die Selektion weiter wirken und sich eine Tier- oder Pflanzenart an eine veränderte Umwelt anpassen und überleben. Nur weil alles Materielle keinen Bestand hat, kann sich das Universum weiter entwickeln.

Leben mitten in der Entwicklung

Kehren wir zurück in die Gegenwart! Die Erde hat nicht nur eine Zukunft, die noch lange aussteht, und eine Entstehungsgeschichte, die längst vergangen ist. Auch in der Gegenwart entwickelt sich die Erde. Das Leben auf der Erde ist ein Teil dieser Geschichte und nimmt aktiv daran teil. Die Menschheit ist ebenfalls in diese kosmische Entwicklung hineingestellt. Unser Lebensraum befindet sich in dauerndem Umbruch, aber auch in Gefahr. Wir sind auf einem Weg, der in vielem ungewiss ist und an dessen Rand die Legion der Nichtmehrseienden liegt, die infolge der Veränderungen auf der Erde umkamen und damit die Last der Entwicklung mittrugen, dank der es heute Tiere und Menschen gibt.

Die Veränderungen begannen schon, als die Sonne entstand. Sterne sind – wie S. 25 beschrieben – ein Gruppenphänomen. Sie entstehen nicht allein und entwickeln sich miteinander. Auch die Sonne entstand in einer Molekülwolke. Molekülwolken werden durch ihre eigene Schwerkraft zusammengehalten. Entsteht darin ein Sternhaufen, so lösen die Sterne mit ihren Winden und Strahlungen die Wolke auf. Weil Sterne nur einen kleinen Teil der ursprünglichen Wolkenmasse enthalten, geht so viel Masse verloren, dass die verringerte Schwerkraft den neuen Sternhaufen oft nicht mehr zusammenhalten kann. In diesen Fällen löst sich der Haufen auf, und die Sterne verteilen sich in der Galaxie.

Auch der Sonne erging es so. Ihre Molekülwolke ist längst verschwunden. Die Tausenden von Schwestersternen, die zusammen mit der Sonne entstanden, sind über die ganze Milchstraße zerstreut und können nur unsicher und in großer Entfernung ausgemacht werden. Die Molekülwolke muss riesig gewesen sein, sodass auch massereiche Sterne entstanden. Sie durcheilten ihre kurze Lebenszeit, als unsere Molekülwolke noch zusammenhielt. Einst explodierte eine Supernova ganz in unserer Nähe und hinterließ Spuren in der Form von Gold-, Blei- und Uranatomen, die sich im Wolkenkern anreicherten, aus dem Sonne und Erde entstanden. Das heute gemessene Verhältnis der verschiedenen, zum Teil radioaktiven Uranisotope datiert die Explosion genau. Der Zeitpunkt der Supernova deckt sich gut mit der Geburt des Sonnensystems. Aus der Häufigkeit von Uran auf der Erde lässt sich hochrechnen, dass der Stern höchstens

Abbildung 10: *In der Mitte der Molekülwolke RCW 49 haben sich massereiche Sterne gebildet (helle Punkte in Bildmitte), die mit ihrem Sternwind einen Hohlraum in die Wolke geblasen haben. In der ganzen Wolke sind mehr als 2200 Sterne entstanden. Das Bild im Infrarot-Licht zeigt, wie die ganze Wolke erwärmt wird und zerfällt. RCW 49 ist 14 000 Lichtjahre von uns entfernt und hat einen Durchmesser von 350 Lichtjahren (Foto: E. Churchwell, NASA, Spitzer, JPL, Caltech).*

5 Lichtjahre von uns entfernt explodierte.[31] Die Explosionswelle erreichte den Ort des zukünftigen Sonnensystems innerhalb von hundert Jahren und könnte den Kollaps unseres Wolkenkerns und damit die Entstehung des Sonnensystems ausgelöst haben.

Die junge Erde

Planeten wie die Erde entstehen aus Staub, der sich in Sternwinden und Supernova-Auswürfen bildete. Staubkörner sind zunächst nur wenige tausendstel Millimeter große, lose Gebilde. Beim Auskühlen des Wolkenkerns werden sie von einem Eismantel aus Wasser und anderen Molekülen umhüllt. Wie sich daraus Planeten bilden, ist bei weitem nicht klar. Eines der Szenarien beschreibt den Vorgang folgendermaßen: Staubkörner bewegen sich im Gas der Akkretionsscheibe mit ungleicher Geschwindigkeit. Je größer das Staubkorn, desto schneller fliegt es im Verhältnis zum Gas und desto häufiger werden die Zusammenstöße mit anderen Staubpartikeln. Der Mantel hilft wie ein Kitt, dass sie bei Zusammenstößen nicht auseinanderfallen und sogar weiterwachsen. Es entstehen wenige Meter große Planetesimale, die Vorläufer der Planeten. Große Planetesimale bewegen sich durch den Schwarm der kleinen Körper, die an ihnen haften bleiben, und fegen den Raum in ihrer Reichweite leer. Große wachsen immer schneller, das Wachstum wird instabil.

Die Entwicklung geht weiter. Schließlich wird die Schwerkraft der einzelnen Objekte so groß, dass sie die Bahn ihrer Nachbarn beeinflusst. Damit beginnt eine sehr stürmische Entwicklungsphase. Verändern sich die Bahnen der Planetesimale gegenseitig, weichen sie von den ursprünglichen Kreisen ab. Ihre Bahnen werden zu Ellipsen, kreuzen sich und die Planetesimale können mit Geschwindigkeiten bis zu 70 Kilometern pro Sekunde aufeinanderprallen. Bei solchen Kollisionen spielt der Zufall eine Rolle: Die beiden Planetesimale können in tausend Bruchstücke zerschellen, oder so heiß werden, dass sie zusammenschmelzen. Wieder verläuft dann die weitere Entwicklung so, dass sich größere Objekte die kleineren einverleiben.

Die ersten 100 bis 200 Millionen Jahre unseres Planetensystems müssen sehr ereignisreich gewesen sein. Etwa 40 Millionen Jahre nach ihrer Entstehung schlug ein Kleinplanet auf der Erde ein. Der Himmelskörper – Theia genannt nach der Mutter von Selene, der griechischen Göttin des Mondes – von der Größe des Mars traf die Erde nicht ins Zentrum, streifte vielmehr nur die äußerste Schicht und schmolz dabei vollständig. Die Energie des Zusammenpralls war unvorstellbar groß. Dampfgemisch aus Erd- und Theia-Gestein wurde in den Weltraum hinausgeschleudert und bildete einen Ring um die Erde. Es vergingen kaum hundert Jahre, bis sich die Materie zu einem Himmelskörper sammelte und der Mond entstand. Die Indizien zu dieser Theorie stammen vor allem aus Gesteinsproben, welche die Apollo-Astronauten 1969–1972 vom Mond zurückbrachten und die überraschende Ähnlichkeit von Erde und Mond belegen. Der Zusammenprall brachte die Erde gewaltig ins Rotieren. Nach dem Impakt hatte sie eine Tageslänge von nur noch 5 Stunden. Die Gezeitenkräfte mit dem Mond verlangsamten seither die Rotationsdauer der Erde auf die heutigen 24 Stunden. Wäre der Zusammenprall frontal gewesen, gäbe es heute keinen Mond. Die Erde hätte sich derart erhitzt, dass sich Kohlendioxid in der Atmosphäre angereichert[32] und den Treibhauseffekt verstärkt hätte. Die Temperatur auf der Erde wäre heute bedeutend höher und so lebensfeindlich wie auf der Venus. Wenn ich den Mond anschaue, kommt mir mitunter in den Sinn, dass der einzigartig gedeihliche Lebensraum der Menschheit nur dank vieler Glücksfälle entstand.

Kollisionen sind wichtige und völlig normale Ereignisse bei der Entstehung von Planeten. Sie sorgen dafür, dass nicht allzu viele davon übrig bleiben und bringen verhältnismäßige Ruhe ins Planetensystem. Die Einschläge in der Frühzeit führten der Erde zusätzliches Material zu, sodass sie über Millionen von Jahren merklich anwuchs. Gleichzeitig erwärmten sie die Erde bis zum Schmelzen. Die schweren Elemente, wie Eisen und Nickel, setzten sich im Erdinneren, die leichteren, wie Silizium und Aluminium, bildeten die Erdkruste. Erst als die Einschlagsrate nach 200 Millionen Jahren zurückging, kühlte sich die Erde so weit ab, dass wahrscheinlich flüssiges Wasser existierte und Leben bereits möglich gewesen wäre.

Die Kollisionen mit kleineren Himmelskörpern hatte jedoch nochmals einen Höhepunkt 600 Millionen Jahre nach der Entstehung der Erde. Es war die Zeit des »Späten Schweren Bombardements« (Late Heavy Bombardement), als sich vermutlich Saturns Bahn um die Sonne verkleinerte, seine Umlaufszeit genau doppelt so lange wie jene des Jupiters wurde und beide in Resonanz gerieten. Jupiter und Saturn hatten ihre nächste Annäherung jeweils am selben Ort auf der Kreisbahn um die Sonne. Die gegenseitige Anziehung addierte sich so, dass Saturn bei jeder Annäherung ein wenig Energie erhielt und Jupiter Energie verlor. Ihre Bahnen wurden elliptisch. Damit erhielten viele kleine Planetesimale eine noch weit elliptischere Umlaufbahn, die sie auch ins innere Sonnensystem brachte. Für hundert Millionen Jahre schlug im Durchschnitt alle zwanzig Jahre ein kilometergroßes Objekt auf der Erde ein und hinterließ einen zwanzig Kilometer großen Krater. Ein großer Teil der eindrücklichen Kraterlandschaft des Mondes stammt aus dieser Zeit. Die Erdkruste war noch so dünn, dass viele Objekte bis ins Innere eindrangen und keine heute noch sichtbaren Spuren hinterließen. Nur wenig später erschien das erste Leben auf der Erde.

Noch immer wächst die Erde

Noch heute fallen pro Jahr dreißigtausend Tonnen Überreste aus unserer ehemaligen Akkretionsscheibe zur Erde. Der größte Teil sind Staubteilchen von wenigen Milligramm. Meteore am Nachthimmel sind ihre eindrücklichen Spuren. Die Mehrheit dieses Materials stammt aus Kollisionen im Asteroidengürtel, der zwischen Mars und Jupiter liegt. Allein ein Drittel, die sogenannten L-Chondriten, geht auf eine Kollision vor 470 Millionen Jahren zurück, bei der ein 200 Kilometer großer Asteroid zerbarst.[33] Trümmerstücke, aber auch andere Asteroiden, Kometen und kleinste Körper bis zur Größe von Staubkörnern bewegen sich auf elliptischen Bahnen quer zu den Kreisbahnen der Planeten. Die Bahnen kreuzen sich, und es kommt gelegentlich zu Kollisionen oder Meteoriteneinschlägen, wie sie heißen, wenn das Objekt den Erdboden erreicht. Die Zahl der größeren Einschläge wird aus Kraterzählungen auf Mond, Erde und Mars bestimmt. Abgesehen von sporadischen Großereignissen ist sie im inneren Sonnensystem seit drei Milliarden Jahren fast konstant geblieben. Die Wahrscheinlichkeit eines Einschlags kann daher genau berechnet werden. Im Durchschnitt wird die Erde jedes Jahrhundert von einem Objekt mit zehn Meter Durchmesser getroffen. Das Land wird im Umkreis von hundert Kilometern verwüstet. Liegt der Einschlag im Meer, verheert ein Tsunami die angrenzenden Küsten.

Die Zahl der kleinen Körper übertrifft jene der großen. Daher ist es viel weniger wahrscheinlich, dass ein größeres Objekt einschlägt. So ist zum Beispiel mit dem Einschlag eines Meteoriten mit einem Durchmesser von einem Kilometer, etwa von der Größe jenes, der das Nördlinger Ries in Süddeutschland verursachte, heute durchschnittlich nur alle drei Millionen Jahre zu rechnen. Die Energie entspricht der Detonation von 100 Gigatonnen TNT, etwa das 7 Millionenfache der Bombe von Hiroshima.

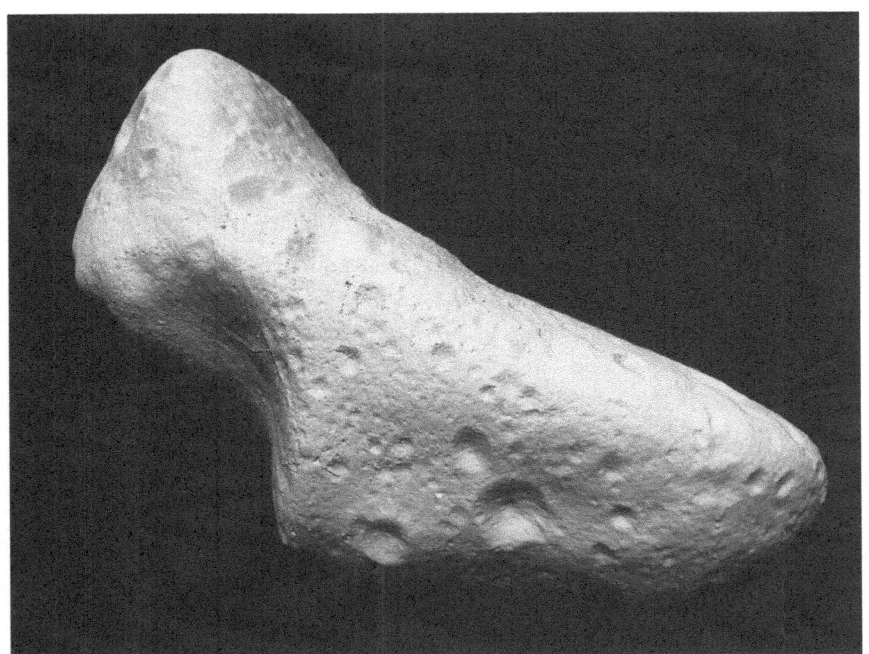

Abbildung 11: *Der Asteroid Eros wurde im Februar 2000 von der NEAR-Sonde angeflogen und untersucht. Er ist rund 35 Kilometer lang, wiegt eine Billion Tonnen und dreht sich in fünf Stunden um sich selbst. Die Einschlagskrater deuten auf ein hohes Alter des Asteroids. Eros ist heute kein Erdbahnkreuzer, aber eine nahe Begegnung mit Mars könnte ihn auf Kollisionskurs mit der Erde bringen (Foto: NEAR Projekt, Goddard SVS, NASA).*

Aufgewirbelter Staub kühlt das Erdklima für Jahre ab. Man kennt heute etwa 200 Asteroiden dieser Größe, welche die Erdbahn kreuzen und zum Teil die Erde oder den Mond treffen werden. Die Dunkelziffer ist etwa viermal größer. Die Chance, dass ein Objekt dieser Größe in den nächsten tausend Jahren einschlagen wird, steht 1 : 3000. Gut bekannt ist zum Beispiel der Asteroid Eros mit 20 km Durchmesser und einer 5%igen Wahrscheinlichkeit, dass er in den nächsten 100 Millionen Jahren die Erde treffen wird.[34] Die Katastrophe wäre größer als jene vor 65 Millionen Jahren, in deren Folge die Saurier ausstarben.

Große Meteoriteneinschläge schleudern eine Fontäne aus heißem Dampf, flüssigem Gestein und kleinsten Staubpartikeln in die Atmosphäre. Geröllhagel geht nieder über weite Teile der Erde und verteilt die Energie des Aufpralls in alle Erdteile. Die Luft wird um mehrere hundert Grad aufgeheizt, und die Vegetation beginnt zu brennen. Feuer breitet sich weltweit aus; Rauch, Asche und Staub verändern das Klima und den Boden der Erde. Meteoriten mit einem Durchmesser größer als 20 Kilometer durchschlagen die Erdkruste. Aus dem Loch strömt flüssiges Gestein und ergießt sich über eine Fläche von der Größe eines Kontinents. Nach einem großen Vulkanausbruch vor 250 Millionen Jahren brauchte es erstaunliche 5 Millionen Jahre, bis in Europa wieder Bäume wuchsen. Beim Ereignis vor 65 Millionen Jahre dauerte die Erholungsphase für die Pflanzenwelt immerhin mehrere zehntausend Jahre. Die Saurier überlebten sie nicht.

Seit einem Jahrzehnt wird der Himmel gezielt nach größeren Asteroiden abgesucht. Der gefährlichste Asteroid, der bisher gefunden wurde, ist 2004MN4. Sein Name enthält das Entdeckungsjahr, als er unter Astronomen Anlass zu Besorgnis gab. Nach Beobachtungen über mehrere Monate ergaben Bahnberechnungen, dass 2004MN4 der Erde am 13. April 2029 gefährlich nahe kommen wird. Die Wahrscheinlichkeit einer Kollision wurde auf zwei Prozent geschätzt. Der Asteroid erhielt den Namen Apophis, nach dem Gott der Finsternis und Auflösung in der ägyptischen Mythologie. Der Einschlag des 270 Meter großen Gesteinbrockens wäre verheerend für einen ganzen Kontinent und hätte weltweite Auswirkungen.

Ob ein Himmelskörper die Erde trifft, bleibt lange Zeit ungewiss, weil seine Position und Bewegung nicht beliebig genau bestimmt werden können. Sei es die Luftunruhe, die das Bild verschmiert, oder die Größe des Teleskops, welche die Trennschärfe beschränkt, immer gibt es eine Grenze. Wenn Position und Geschwindigkeit nicht genau bekannt sind, kann auch die Bahn nicht genau vorausberechnet werden. Die Ungenauigkeit wächst mit der Zeit. Statt einer Linie hat die vorausgesagte Bahn die Form eines Schlauchs, der den möglichen Verlauf angibt. Er verbreitert sich trichterförmig in Vorwärtsrichtung. Je dicker der Trichter, desto ungenauer ist die Bahnberechnung. Jede zusätzliche genaue Messung lässt die Breite des Trichters schrumpfen. Das war auch bei Apophis der Fall. Bereits einen Monat nach seiner Entdeckung, richtete das größte Radioteleskop der Welt mit 300 Metern Durchmesser in Arecibo (Puerto Rico) seinen Radarstrahl auf den Asteroiden und bestimmte seine Bahn genauer. Es ergab sich, dass Apophis nicht auf Kollisionskurs mit der Erde ist und 30 000 Kilometer an ihr vorbei fliegen wird. Er wird am 13. April 2029 eine Stunde nach Sonnenuntergang als mit bloßem Auge gut sichtbares Objekt in weniger als 40 Minuten über Europa hinwegfliegen. Zwischen Erde und geostationären Satelliten hindurch wird er mit einer Geschwindigkeit von 6 Kilometern pro Sekunde seine Bahn ziehen. Wie wird uns dann, wenn wir es erleben, zumute sein?

Auch nach seinem Vorbeiflug bleibt Apophis ein Erdbahnkreuzer. Der Asteroid wird der Erde wieder nahekommen. Das nächste Mal im Jahr 2036. Wie seine Bahn dann verlaufen wird, ist noch ungewiss, da sie bei der Nahbegegnung 2029 mit der Erde so stark verändert wird, dass der Trichter sich ab diesem Zeitpunkt schnell weitet und genaue Voraussagen heute unmöglich sind. Die Gefahr ist klein, bleibt aber bestehen.

Das Beispiel von Apophis zeigt, dass die Bahnen von Himmelskörpern nicht beliebig weit in die Zukunft vorausberechnet werden können. Sonne und Planeten bestimmen die Bahn eines Asteroiden. Sie beeinflussen sich aber auch gegenseitig und bilden zusammen ein nicht-lineares System. Ein Fehler, wie man ihn bei der Bahnberechnung wegen ungenauer Anfangswerte immer macht, wächst in solchen Fällen meistens exponentiell: anfangs langsam, dann immer schneller. Dies bedeutet, dass nach einer gewissen Zeit – der sogenannten Lyapunov-Zeit – die Ungenauigkeit dermaßen stark anwächst, dass auch ein verbesserter Anfangswert keine wesentliche Verbesserung der Prognose bringen würde. Um die Position von Apophis nach sieben Jahren doppelt genau zu kennen, müsste man sie heute hundertmal genauer messen können. Man nennt dieses Verhalten »chaotisch«, weil die Zukunft des Systems nicht mehr berechenbar ist. Bei manchen Asteroiden ist die Voraussagezeit nur einige hundert Jahre. In einer nahen Begegnung mit einem anderen Himmelskörper können wenige Kilometer Unterschied seine zukünftige Bahn wesentlich beeinflussen. Chaos im Sonnensystem ist eine bemerkenswerte Eigenschaft, mit

Abbildung 12: *Der Barringer-Krater in der Nähe von Flagstaff, Arizona (USA), ist 174 Meter tief. Ein Nickel-Eisen-Meteorit von etwa 50 Metern Durchmesser und 300 000 Tonnen Masse schlug hier vor 50 000 Jahren ein. Seine Energie entsprach dem 70-fachen der Atombombe von Hiroshima und verwüstete alles im Umkreis von 20 Kilometern (Foto: U.S. Geological Survey).*

der wir leben müssen. Sie bedeutet unter anderem, dass wir nicht berechnen können, an welchem Datum der nächste große Himmelskörper auf der Erde einschlagen wird. Langfristig müssen wir uns mit Wahrscheinlichkeitsangaben begnügen.

Dass die Erde auch heute noch Zielscheibe von Asteroiden oder Kometen ist, steht außer Zweifel. Eine hochtechnisierte Zivilisation wie die unsere könnte Asteroiden mit einer Weltraummission auf eine Bahn ablenken, die an der Erde vorbeiführt. Es gibt mehrere Verfahren, die zur Diskussion stehen. Von den Asteroiden, die kleiner als hundert Meter sind, gibt es jedoch so viele, dass wir nie alle kennen werden. Ein Einschlag wird ohne lange Vorwarnzeit kommen. Dies gilt ebenso für Kometen aus dem fernen Sonnensystem, die sich erst bemerkbar machen, wenn sie schon die Saturnbahn kreuzen. Dann bleiben nur noch wenige Monate Zeit, unter Umständen zu wenig für eine technische Lösung.

Entwicklung der Atmosphäre

Die Bahnen der Nachbarsterne sind ebenfalls chaotisch. Daher lässt sich nicht langfristig vorausberechnen, welche Sterne dem Sonnensystem nahe kommen oder welche gar in ihrem Endstadium in unserer Nähe als Supernova explodieren und mit ihrer Einstrahlung die irdische Umwelt über Jahre hinaus verändern werden. Von allen Supernovae in unserer Galaxie im vergangenen Jahrtausend finden sich Spuren im antarktischen Eis. Hochenergetische Röntgen- und Ultraviolettstrahlung, die eine Supernova abstrahlt, trifft auf die obere Erdatmosphäre und setzt chemische Reaktionen in Gang, welche Nitrate erzeugen. Sie gelangen mit Niederschlägen zur Erde und lagern sich im Eis ab.

Damit sie eine Katastrophe wie bei einem großen Meteoriteneinschlag auslöst, müsste die Explosion allerdings weniger als 25 Lichtjahre von uns entfernt stattfinden. Das kommt statistisch weniger als einmal pro Milliarde Jahre vor. Es gibt eine Schicht von Meeressedimenten mit erhöhter Häufigkeit des Eisenisotops 60, einem Supernova-Indikator. Sie datiert vor 2 Millionen Jahren und könnte von einer Supernova stammen, die im Skorpion-Zentaurus Sternhaufen im Abstand von etwa 120 Lichtjahren explodierte.[35] Es gibt Belege für ein kleineres Massensterben in dieser Zeit.

Nicht nur von außen ist die Erde bedroht, auch die eigene planetare Entwicklung verändert die Lebensbedingungen dauernd. Die vielleicht dramatischste Begebenheit fand vor 800 bis 600 Millionen Jahren statt. Es gab damals vor allem einzellige Lebewesen, die am ehesten mit heutigen Bakterien vergleichbar sind. Erste Vielzeller waren auch bereits da, sie entstanden knapp 100 Millionen Jahre früher. Alle Organismen lebten noch im Wasser. Das Festland war nicht belebt. Tiere und Pflanzen tauschten keine Moleküle aus mit der Luft. Die Erdatmosphäre war jedoch nicht völlig inaktiv. Sie veränderte sich langsam durch die Wechselwirkung mit Wasser und Gestein. Das Kohlendioxid der Luft, die damals noch wenig Sauerstoff enthielt, verband sich zu Karbonaten und lagerte sich im Meer ab. Als der Anteil von Kohlendioxid auf weniger als die Hälfte von heute sank, verringerte sich der Treibhauseffekt und es wurde kälter auf der Erde. Zudem leuchtete die Sonne 6 Prozent weniger als heute. Als immer weitere Gebiete mit Schnee bedeckt waren und gewaltige Gletscher in Richtung Äquator vorstießen, war bald fast kein Wasserdampf mehr in der Atmosphäre. Der Himmel war wolkenlos. Mehr und mehr Sonnenwärme wurde von der schneebedeckten Oberfläche ins All zurückgestrahlt. Die Erde kühlte weiter ab, bis sie schließlich zum Schneeball erstarrte.[36] Die Temperaturen an der Oberfläche sanken im Durchschnitt auf minus 27 Grad Celsius. Seen und selbst Ozeane trugen eine geschlossene Eisdecke.

Lebewesen konnten nur in den wenigen eisfrei gebliebenen Regionen der Weltmeere am Äquator überleben. Dank diesen Refugien ist das Leben auf der Erde nicht gänzlich ausgestorben. Das Leben war unter diesen extremen Bedingungen einem gesteigerten Evolutionsdruck ausgesetzt. Wahrscheinlich war er der Grund, dass sich gerade während dieser größten aller Eiszeiten mehrzellige Lebewesen entwickeln konnten, die sich nach dem Ende der Katastrophe dann stark verbreiteten. Es war die Zeit der sogenannten kambrischen Explosion, in der zahlreiche neue Arten von mehrzelligen Lebewesen entstanden und aus der die grundlegenden Baupläne vieler mehrzelliger Tierstämme datieren. Zu dieser Zeit bauten viele Lebewesen, wie zum Beispiel die Muscheln, ein hartes Außenskelett aus Kalk auf, um sich zu schützen. Gigantische Vulkane, vielleicht im Zusammenhang mit dem Auseinanderbrechen des Superkontinents Rodinia, der damals einzigen großen Landmasse der Erde, entließen neues Kohlendioxid in die Atmosphäre. Der Treibhauseffekt verstärkte sich und machte schließlich der Klimakatastrophe ein Ende.

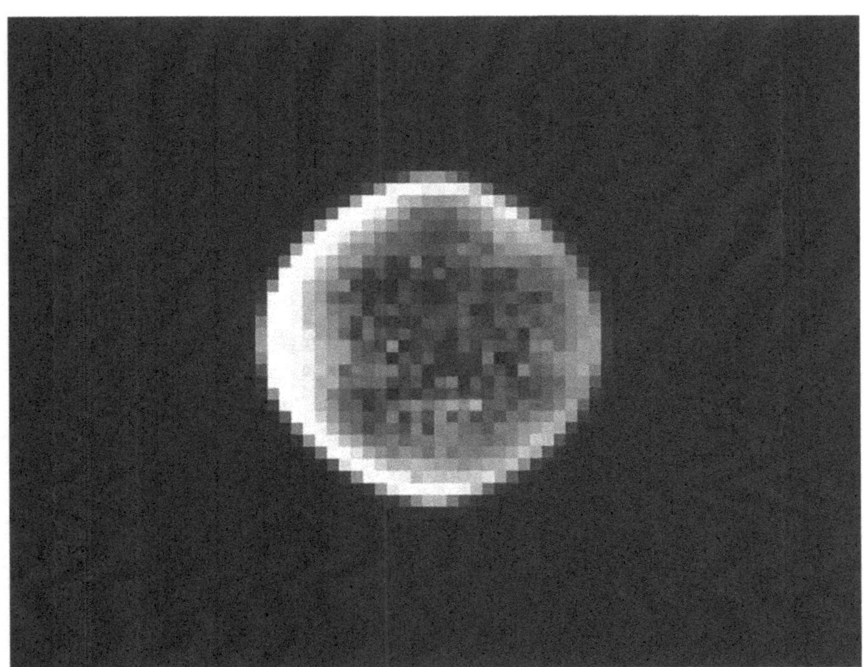

Abbildung 13: *Das Bild zeigt die Gammastrahlung der Erdatmosphäre, wie sie vom Compton-Observatorium in Erdumlaufbahn während sieben Jahren aufgenommen wurde. Gammastrahlen stammen von kosmischen Teilchen, die von Supernovae beschleunigt werden. Wenn die Teilchen in die Erdatmosphäre eindringen, stoßen sie mit Luftmolekülen zusammen und schlagen aus ihnen Sekundärteilchen heraus, die dann hochenergetische Gammastrahlen aussenden (Foto: D. Petry, NASA).*

Leben ist Risiko

Wenn sich in Gewitterwolken der Erdatmosphäre ein elektrisches Feld aufbaut, liegt die elektrische Spannung weit unter dem Grenzwert, der für eine Entladung zwischen Wolke und Boden nötig wäre. Luft leitet den Strom normalerweise nicht. Die physikalische Erklärung des Blitzschlags blieb bis vor wenigen Jahren ein Rätsel. Im Tieng-Shang Observatorium in Kasachstan machten Geophysiker die erstaunliche Entdeckung, dass es bei Gewittern oft genau dann zu einem Blitz kam, wenn ihr Detektor ein kosmisches Teilchen mit extrem hoher Energie registrierte. Kosmische Teilchenstrahlung besteht vor allem aus Protonen, den Atomkernen von Wasserstoff. Sie werden an der Schockwelle von Supernova-Ausbrüchen zu hohen Geschwindigkeiten beschleunigt und breiten sich über die ganze Galaxie aus bis in die hintersten Winkel von Molekülwolken und bis zur Erdoberfläche.

Die Forscher in Kasachstan begannen, beides gleichzeitig zu messen, und fanden zu jedem Blitz in der Nähe auch die Spuren eines kosmischen Teilchens. Offenbar lösen diese subatomaren Teilchen die Entladung in Gewittern aus.[37] Treffen sie nach einer Jahrtausende langen Reise durch die Milchstraße auf unsere Atmosphäre, stoßen sie mit Molekülen zusammen. Dabei schlagen sie aus den Luftmolekülen andere Elementarteilchen, elektrisch geladene Elektronen, heraus. Das passiert bei jedem Stoß und schnell ergießt sich eine Lawine von Elektronen entlang der Bahn des Protons. Fällt sie in eine Gewitterwolke, werden die Elektronen im elektrischen Feld beschleunigt. Sie stoßen wieder mit Molekülen in der Luft zusammen und schlagen weitere Elektronen heraus. Schließlich bilden sie einen elektrisch leitenden Kanal, in dem Strom fließen kann und der dem Blitz eine Bahn ermöglicht. So kann ein einzelnes kosmisches Teilchen aus einer fernen Supernova Jahrtausende später der Auslöser zu einem Blitzstrahl werden, der auf der Erde ein Unglück verursacht. Wir sind von der kosmischen Geschichte umgeben, wohin wir blicken. Das Universum hat direkte Einwirkungen auf unser Leben. In diesen Bezügen gibt es kein getrenntes Oben und Unten, wir sind mittendrin.

Zu den Einflüssen von außen kommen irdische Naturkatastrophen: Große Bergstürze ins Meer und Erdbeben bedrohen Küstenbewohner mit Tsunamis. Kriege, Seuchen und Umweltkatastrophen werden uns in diesem Jahrhundert nicht erspart bleiben. Sie lassen sich nicht voraussagen. Obwohl einige Regeln feststehen, ist die Entwicklung der Erde ein offenes Spiel.

Die Erde ist ein Teil des Universums und vollständig in seine Entwicklung eingebettet. So ist nicht verwunderlich, dass das Universum auch in die biologische Evolution hineinspielt. Aus der Klimakatastrophe der fast totalen Vereisung gingen die mehrzelligen Lebewesen gestärkt hervor. Als vor 65 Millionen Jahren die Saurier an den Folgen eines Meteoriteneinschlags ausstarben, entwickelten sich die Säugetiere schlagartig in die ökologische Lücke hinein und übernahmen schließlich ihren Platz. Vor zwei Millionen Jahren hatte die Familie der *Hominiden* einen Entwicklungsschub, und unsere Gattung *Homo* tauchte auf. Vielleicht war der Grund jene Supernova, die damals in der Nähe explodierte, und ein Kilometer großer Asteroid, der im Südpolarmeer einschlug,[38] welche die Gattung *Homo* dank Intelligenz und Mobilität mit weniger Schaden überlebt haben als andere Lebewesen. Ohne Katastrophen gäbe es uns Menschen nicht. Was jetzt für den Einzelnen nur eine winzige Gefahr unter tausend anderen ist, wird irgendwann in der Zukunft zu einem Problem für die Menschheit werden. Bis jetzt hat das Leben auf der Erde überlebt, allerdings nicht ohne massive Verluste.

Leben ist Risiko, aber jedes Risiko ist eine Chance. Entsprechende Erfahrungen machen wir auch im Leben. Hier zeigt sich eine Parallelität zwischen den Resultaten der Astrophysik und der existenziellen Erfahrungsebene: Ungefragt kommt ein Mensch zur Welt und findet sich in eine Umwelt hineingestellt. Wir hatten keine Wahl für den Ort und die Zeit unserer Geburt. Wir wurden in eine Geschichte hineingeworfen, die sich seit Jahrmilliarden herausgebildet hat und sich nach unserem Tod weiter entwickeln wird. Das Umfeld hat Vor- und Nachteile. Noch wichtiger: Es ändert sich dauernd. Die Veränderungen um uns bedrohen und ängstigen uns, schaffen aber fortwährend neue Möglichkeiten.

Die Entwicklung des Universums, die Entstehung des Lebens und die Existenz jedes Menschen in dieser Welt haben auch gemeinsam, dass sie einer *offenen Zukunft* entgegengehen. Offen heißt hier nicht, dass völlig Beliebiges eintreffen wird. Es gibt einen Rahmen, gegeben durch Gesetze, in dem jedoch vieles möglich ist, ja sogar völlig Neues entstehen kann. Auch in unserem Leben ist die Zukunft zu einem gewissen Grad offen. Wir planen unter dem Vorbehalt, dass keine unerwarteten Änderungen eintreten. Das kann nicht für immer gelten. Wir können unser Leben nicht zuverlässig voraussagen. Es gibt nicht nur Unwissenheit, es hat vielmehr den Anschein, dass heute noch nicht determiniert ist, was morgen sein wird. Diese alltägliche Erfahrung findet eine Konsonanz in der quantenmechanischen Wirklichkeit, die, wie später beschrieben, erst mit der Beobachtung entsteht.

Was für den einzelnen Menschen gilt, betrifft ähnlich die ganze Menschheit im größeren Zeitmaßstab. Die rasche Entwicklung der Gattung *Homo* vor zwei Millionen Jahren spielte sich nicht unter unveränderlichen Bedingungen ab, wie vor noch nicht so langer Zeit allgemein angenommen. Der Asteroideneinschlag und die nahe Supernova haben das Klima der Erde binnen weniger hunderttausend Jahre zweimal völlig umgewälzt. Das Umfeld veränderte sich extrem schnell und stellte einschneidend neue Anforderungen. Das Universum ist keine Uhr, die ruhig vor sich hin tickt, sondern ein Abenteuer.

Die Ungewissheit der Entwicklung stellt uns vor die Frage, wie denn eine der vielen Möglichkeiten zur Wirklichkeit wird. Obwohl nicht explizit ausgesprochen, wird der tiefste Grund der Wirklichkeit heute vielfach in den Naturwissenschaften gesucht, eine Funktion, die früher der Religion zustand. Wir müssen daher im Folgenden nachfragen, wie Wirklichkeit wahrgenommen wird.

Wirklichkeit im Kosmos und im Leben

Als Student freute ich mich jeweils auf das Essen mit den Dozenten zum Semesterende. Man hatte Zeit, ungezwungen über alles zu reden und zu fragen, was man sich nicht traute, während einer Vorlesung öffentlich zu tun. Das Essen war oft mit einer kleinen Reise verbunden. Einmal ging's zum Schloss Laufen am Rheinfall. Vor dem Abendessen spazierten wir zum Fluss hinunter. Vom in die Tiefe fallenden Wasser stieg ein feiner Nebel von Tröpfchen auf. Auf der Aussichtskanzel nahe am tosenden Wasserfall fragte ich einen meiner Dozenten, bei dem ich gerade eine Vorlesung über statistische Mechanik gehört hatte, ob es je möglich sein werde, die Bahn jedes Tröpfchens zu berechnen, sodass wir eine genaue Voraussage machen könnten, wie der Fall nach dem Essen aussehen werde. Nach längerem Nachdenken bejahte er die Frage. Die Bewegung, so argumentierte er, sei nur eine Folge der physikalischen Kräfte und daher determiniert und im Prinzip berechenbar. Etwas überrascht und ungläubig, oder vielleicht auch nur weil es interessant war, anderer Meinung zu sein, stellte ich die bohrende Frage, was denn »im Prinzip« heiße. Was hat es mit Wirklichkeit zu tun, wenn ich sie nur im Prinzip kenne, in Wirklichkeit aber nicht? Darüber diskutierten wir noch auf dem Rückweg und während des ganzen Essens.

Die Naturwissenschaften wollen die Wirklichkeit ergründen, doch ist nicht alles Naturwissenschaftliche wirklich. Was physikalisch beobachtet, gemessen und bestätigt wird, sind Facts. Liegt kein grober Messfehler vor, sind die Messdaten unmittelbare Wirklichkeit. Das gilt jedoch nicht für die Theorien, Hypothesen und Vermutungen, die daraus entwickelt werden. Sie sind vorläufig und werden vielleicht von neuen Messungen widerlegt oder müssen angepasst werden. Gerade diese Erklärungen, und nur selten Messungen, sind es, die uns in der Form von Weltbildern beeinflussen und dann allerdings unsere Wahrnehmungen und Erwartungen prägen. Wir nehmen prägnanter wahr, was wir in unser Weltbild einordnen können, und verdrängen gerne den Rest.

Früher oder später holt uns im Leben auch eine andere Wirklichkeit ein. Im menschlichen Leben nehme ich vieles auf ganz andere Weise wahr als in den Naturwissenschaften. Menschen empfinden als wirklich, was auf

sie wirkt und bleibende Wirkung hat. Gefühle wie Kunsterlebnisse und Liebe sind existenziell wichtig. Freudige Ereignisse, Krankheit oder Tod haben noch eine andere Tiefe als die Ebene der kausalen Erklärungen. Die Menge der Wirklichkeit ist größer, als was die Naturwissenschaften wahrnehmen können. Um den ganzen menschlichen Wirklichkeitshorizont zu umfassen, muss unsere Reise ins All schließlich auch zu uns selbst führen, zu unseren ureigenen Erfahrungen der Wirklichkeit. Auch sie ist ein Teil des Universums.
In diesem Kapitel geht es um Wirklichkeit, wie sie uns sowohl in den verschiedenen Wissenschaften als auch im menschlichen Leben in vielfältiger Weise entgegentritt.

Stufen der Wirklichkeit

Ich staune immer wieder, wie viel die Physik mit wenigen Grundgleichungen erklären kann. Es sind praktisch dieselben Gleichungen, mit welchen Physiker die Bewegungen der Tröpfchen eines Wasserfalls beschreiben, wie auch die Staubkörnchen und Gasmoleküle einer interstellaren Molekülwolke. In beiden Fällen gibt es zwei Stufen in der Genauigkeit, mit denen die Wirklichkeit gemessen wird. Auf der unteren Stufe betrachtet man einzelne Teilchen, seien es Tröpfchen, Staubkörnchen oder Gasmoleküle. Ihre Bahn und Zusammenstöße mit anderen Teilchen befolgen die Grundgleichungen der Physik. Angesichts der riesigen Teilchenzahl (etwa 10^{64} in einer Molekülwolke) ist diese Information jedoch viel zu detailliert. Daher werden in der Physik Gase meist auf einer höheren Stufe betrachtet, wo nur die mittlere Zahl der Teilchen, ihre mittlere Geschwindigkeit und mittlere Energie von Interesse sind. Auch für diese Durchschnittswerte lassen sich Gleichungen finden, welche die Entwicklung des Gases beschreiben. Die Physik auf dieser Stufe redet nicht von einzelnen Teilchen, sondern von den kollektiven Größen, wie Gasdichte, Gasgeschwindigkeit und Temperatur an einem bestimmten Ort. Obwohl diese Begriffe für einzelne Teilchen keinen Sinn machen, stehen sie für erfahrbare Wirklichkeiten. An diesem Beispiel wird deutlich, wie man bereits in der Physik durch Verzicht auf die größtmögliche Reduktion eine weitere Wirklichkeit erfassen kann.
Das Gewirr auf der unteren Stufe wird in wenige Materialkonstanten zusammengefasst, wie der Wärmekapazität oder der elektrischen Leitfähigkeit. Ihre Werte sind für jedes Gas verschieden. Sie können gemessen oder

berechnet werden. Die Berechnungen gehen davon aus, dass die Bahn der einzelnen Teilchen, ihre Position und Geschwindigkeit, in einem gewissen Rahmen zufällig verteilt sind. Dann sind auch die Wechselwirkungen und Stöße untereinander zufällig. Diese Methodik ist das Gebiet der statistischen Mechanik.
Zufälligkeit trifft nicht immer zu, ein Beispiel ist das Gehirn. Nervenzellen lassen sich nicht wie zufällig aneinanderstoßende Kügelchen beschreiben. Wesentlich bei den Vorgängen im Gehirn ist die gezielte Wechselwirkung einzelner dieser unzähligen Nervenzellen mit bestimmten anderen. Ein Durchschnittswert über alle Zellen sagt nichts aus. In diesem Wechselspiel sind die Vorgänge nicht zufällig, denn das Einzelne zählt. Die statistische Physik kommt an ihre Grenze. Trotzdem finden Biologen Regeln für hirnphysiologische Vorgänge. Diese Gesetzmäßigkeiten widersprechen den physikalischen Gesetzen nicht, die auch einzelne Nervenzellen befolgen, sind aber von diesen Gesetzen weitgehend unabhängig. Das erklärt, warum Biologen nicht die Quantenfeld-Theorie oder das Standardmodell der Teilchenphysik zu studieren brauchen, um biologisch forschen zu können. Sie verwenden andere Methoden und Begriffe als Physiker, um die vorfindlichen Phänomene zu erfassen.
Diese Überlegungen zeigen, wie die Wirklichkeit in den verschiedenen Gebieten der Naturwissenschaften unterschiedlich wahrgenommen und untersucht wird. Eine vernünftige Wahl von Begriffen auf einer höheren Stufe von Komplexität ist der Schlüssel zur erfolgreichen Forschung in diesen Gebieten. Der Verzicht auf Detailinformation auf der niedrigeren Stufe vermittelt Gewinn auf der höheren Stufe. Dasselbe wie für die statistische Physik und Biologie gilt auch für weitere Stufen, wie die Psychologie und Soziologie. Die nun folgenden Überlegungen wollen zeigen, wie darüber hinaus auch die naturwissenschaftlich fassbare Wirklichkeit nur ein Teil der gesamten Wirklichkeit ist. Weil eine andere Art von Wahrnehmungen hinzukommt, geht es allerdings nicht einfach um eine lineare Fortsetzung der obigen Mehrstufigkeit, sondern um einen qualitativen Schritt.

Religiöse Wahrnehmungen

Nach einer interdisziplinären Vorlesung über Naturwissenschaften und Theologie kam ein Doktorand der Astrophysik zu mir und sagte, es gäbe doch gar nichts, das nicht durch die Schrödinger-Gleichung bestimmt werde. Wie solle sich ein Physiker so etwas überhaupt vorstellen? Was sich im Laufe der Zeit verändere, müsse es gemäß dieser grundlegenden Gleichung der Quantenmechanik tun, die im Prinzip alles beschreibt, was überhaupt möglich sei. Diese biedere Frage enthüllt ein bestimmtes, weit verbreitetes Weltbild. Obwohl nicht explizit ausgedrückt, werden die Naturwissenschaften, und besonders die Physik, heute vielfach als Fundament der Wirklichkeit betrachtet. Haben die modernen Naturwissenschaften gezeigt, dass nur wirklich ist, was letztlich physikalisch erklärbar ist? Im Folgenden soll gezeigt werden, dass dies bei einem umfassenden Begriff von Wirklichkeit nicht der Fall ist.

Die physikalische Methode beginnt mit der Idee, etwas zu messen oder zu beobachten. Die Messung ist so durchzuführen, dass sie jederzeit und für jedermann mit dem gleichen Resultat wiederholbar ist. Die Resultate nennen wir objektiv. Sie werden mit mathematischen Formeln zu Theorien verknüpft. Theorien sind Modelle der Wirklichkeit. Sie können wiederum durch neue Messungen auf ihre Übereinstimmung mit der Wirklichkeit überprüft und verbessert werden. Durch viele Zyklen von Messungen und theoretischen Erklärungen erweitert und vertieft die Physik ihren Bereich von Wirklichkeit. Ähnliches gilt für alle Naturwissenschaften.

Objektives Messen verlangt nicht nur intellektuelle Redlichkeit. Die streng definierten Messmethoden der Naturwissenschaften treffen auch bereits eine Auswahl, welcher Teil der Wirklichkeit zu untersuchen ist. Es kommen nur Phänomene in Betracht, die objektiv gemessen werden können. Auf dieser Auswahl beruht der Erfolg der Naturwissenschaften. Wie könnte eine Maschine funktionieren, wenn die zugrunde liegenden Prinzipien einmal so und einmal anders wären? Wie könnten wir sonst hoffen, im Wirrwarr von Molekülwolken allgemein gültige Vorgänge zur Strukturbildung zu finden? Die Reduktion auf objektiv messbare Wahrnehmungen grenzt den Bereich der Naturwissenschaften bereits am Anfang ihres Vorgehens entscheidend ein.

Die Frage des Doktoranden war daher, ob es ernst zu nehmende Wahrnehmungen gibt, die nicht zur Auswahl der Physik passen und damit nicht, selbst nicht im Prinzip, durch die Schrödinger-Gleichung erklärt werden können. Die Grenzen einer Fachwissenschaft werden bereits am Anfang durch ihre Verfahrensweise, die Annahmen und Methoden festgelegt. Nach diesen methodischen Grundsätzen werden Messungen vorgenommen, Beobachtungen ausgewählt und Erklärungen gesucht. Ob es eine Wirklichkeit außerhalb des Rahmens einer Fachwissenschaft gibt, ist für diese nicht entscheidbar. Keine Theorie und Methodologie, nur Wahrnehmungen können den gesamten uns Menschen zugänglichen Bereich der Wirklichkeit abstecken.

Wahrnehmungen sind bewusst gewordene Einflüsse von außen, eingeschlossen naturwissenschaftliche Messungen und Beobachtungen. Wahrnehmungen verschiedenster Art sind unsere Fenster zur Wirklichkeit. Wirklichkeit außerhalb des Rahmens einer Fachwissenschaft bezieht sich folglich auf Wahrnehmungen, die dieser Wissenschaft nicht zugänglich sind. Solche Wahrnehmungen dürfen nicht grundsätzlich verneint werden. Mit der Reduktion der Wirklichkeit auf ein Fachgebiet würden die wissenschaftlichen Ideale der Aufklärung in ihr Gegenteil verkehrt. Die Stärke der neuzeitlichen naturwissenschaftlichen Methodik liegt gerade im vorurteilslosen Wahrnehmen der Daten.

Um die Unvollständigkeit der Naturwissenschaften aufzuzeigen, genügt ein Beispiel. Das Erlebnis von Blaise Pascal (1623–1662) am 23. November 1654, nachts von halb elf bis halb ein Uhr, ist besonders eindrücklich. Es ist eine mystische Wahrnehmung, ein Erlebnisbereich, der in unserer Kultur vielen fremd geworden ist. Der bedeutende Mathematiker und Physiker hat es genau datiert, in bruchstückhaften Worten aufgeschrieben und als »Memorial« in sein Kleid eingenäht. Dort wurde es nach seinem Tod gefunden. Wir lesen darauf die geheimnisvollen Worte:[39]

> »Feuer … Gott Abrahams, Gott Isaaks und Gott Jakobs,[40] nicht der Philosophen und Gelehrten … Vergessen von der Welt und von allen, außer von Gott …«

Die gestammelten Worte beschreiben offenbar eine religiöse Wahrnehmung und erste Deutungsversuche. Was Pascal wahrgenommen hat, wissen wir nicht genau, denn die Wahrnehmung ist an seine Person gebunden. Wir können es nur mit ähnlichen Wahrnehmungen anderer Menschen oder eigenen Erfahrungen vergleichen. Das hat auch Pascal gemacht. Er setzte seine Wahrnehmungen in Beziehung zu Inhalten aus dem Alten und Neuen Testament.

Eine Bemerkung zur unter Physikern viel kritisierten Vorstellung[41] eines persönlichen Gottes ist angebracht, denn diese bildhafte Vorstellung der Transzendenz klingt hier mit dem Hinweis auf den biblischen Gott an. Kann das Göttliche, das gemäß diesem Gottesbild die riesigen Ausmaße des Universums umgreift, ja bei weitem übertrifft, die Züge einer Person haben? Gewiss ist dies als Metapher zu verstehen. Sie entspricht anscheinend Pascals personaler Betroffenheit, als ihm das Göttliche personenhaft begegnete, obwohl er es als Feuer beschreibt.

Das mystische Erlebnis gewann eine große Bedeutung in Pascals Biographie. Es gab ihm eine Grundgewissheit, die ihm niemand entziehen konnte und die nicht ohne Wirkung auf sein Denken blieb. Was hat diese Wahrnehmung mit Wirklichkeit zu tun? War es eine Illusion? Illusionen haben zwar auch Wirkungen, ich gehe aber davon aus, dass sie langfristig nicht bestehen können. Pascals Wahrnehmung hatte eine bleibende Wirkung. Von Wirklichkeit zu sprechen, ist daher naheliegend, obgleich diese Wirklichkeit für andere nicht nachprüfbar ist.

Seit dem 18. Jahrhundert kursiert die Behauptung, die Naturwissenschaften würden einmal alles erklären können. Ob dies je eintreffen wird, sei dahingestellt. Dieses »alles« kann sich aber höchstens auf den Bereich des naturwissenschaftlich Wahrnehmbaren beziehen. Wie groß dieser Bereich ist, wissen wir nicht. Es ist erstaunlich, wie erfolgreich die Methode ist und wie weit ihr Bereich von der Astronomie und Physik, Chemie und Biologie bis zur Gehirnforschung reicht. Daran ändert auch die Einschränkung nicht, dass jede naturwissenschaftliche Erklärung vielleicht unvollständig ist oder Irrtümer enthält. Religiöse Wahrnehmungen hingegen gehören nicht zur konstituierenden Basis der Naturwissenschaften. Was anfangs nicht zur Methode gehört, taucht auch im Laufe der naturwissenschaftlichen Tätigkeit nicht auf, auch nicht in Pascals physikalischen Arbeiten.

Teilnehmende Wahrnehmungen

Whitmans Erlebnis, das er in seinem Gedicht über Sterne beschreibt (s. S. 54), ist ein weiteres Beispiel für Wahrnehmungen, die über den Bereich des naturwissenschaftlichen Messens hinausgehen. In einer klaren Nacht registriert die Netzhaut im Auge Licht, das aus einzelnen Photonen besteht, die von Sternen abgestrahlt werden. Nun können Menschen auf diese Photonen verschieden reagieren. Man kann mit einem Spektrometer ihre Wellenlänge und Intensität messen und in Zahlen festhalten. Oder wir können uns, wenn wir es wie Whitman zulassen, von der Gegenwart dieser Sterne berühren lassen. Wir fühlen uns dann mit den Sternen verbunden. Wir sehen Licht, das jahrelang unterwegs war, und messen dies mit unserer eigenen Lebensspanne. Die Sternatmosphäre, in der das Licht ausgestrahlt wurde, ist Tausende von Grad heiß. Danach durchquerte dieses Licht unvorstellbar große Räume mit lebensfeindlicher Kälte. Wir staunen, dass es im Universum unseren Lebensraum mit moderaten Temperaturen gibt. Dass es uns selbst gibt! Der Horizont weitet sich, und wir nehmen uns selbst als Teil von etwas Größerem wahr. Wie Schuppen fällt es vielleicht von den Augen, wie klein wir sind an körperlicher Größe, wie kurz unser Leben ist oder wie schön unser Planet. In der Phantasie schweifen wir durch die entferntesten Gegenden des Universums, die uns nicht mehr völlig unbekannt sind. Das intuitive Sichfinden in der Welt liegt außerhalb des Rahmens der objektiven Wissenschaft, ist jedoch eine Erfahrung, die zur Orientierung hilft und somit von existenzieller Bedeutung sein kann.

Ein anderes Beispiel dieser Art sind Kunsterlebnisse, wie sie jeder kennt. Man geht durch eine Ausstellung und bleibt vor einem bestimmten Bild stehen. Es spricht einen an. Man kann weitergehen oder sich einer Art Zwiesprache aussetzen. Das Licht, das vom Bild ausgeht, stammt ursprünglich von einer Lampe oder von der Sonne, wird aber nur in gewissen Farben reflektiert. Das Licht gelangt auf die Netzhaut des Betrachters, von wo das Signal ins Gehirn geleitet wird. Soweit die Naturwissenschaften! Im Bewusstsein entsteht ein Gefühl von unmittelbarer Präsenz des Bildobjekts. Kunsterlebnisse sind nicht objektiv. Das Phänomen tritt nur ein, wenn der Betrachter teilnimmt. Er oder sie muss sich Zeit nehmen und sich auf das Bild konzentrieren. Ob jemand angesprochen wird, ist nicht willkürlich, denn es gibt Bilder, auf die viel mehr Menschen reagieren und die daher auf dem Kunstmarkt höhere Preise erzielen. Das Erlebnis ist wie ein Resonanzphänomen, in dem das Kunstwerk das Bewusstsein des Betrachters zum Mitschwingen bringt.

Ein passiver Gegenstand gerät in Resonanz, wenn er von einer Welle erfasst wird und mitschwingt. Bei einer Violine zum Beispiel liefert der Bogen die Energie und bringt die Saite zum Schwingen. Die Saite allein wäre kaum hörbar. Ihre Schwingung wird über den Steg, auf dem die Saite aufliegt, auf den Korpus der Geige, den Resonanzkörper, übertragen. Die ganze Geige beginnt nun zu schwingen. Sie übernimmt einen Teil der Energie und überträgt mit der viel größeren Abstrahlungsfläche die Schwingung an die Luft, sodass ein für das Ohr wahrnehmbarer Ton entsteht. Zum Kunsterlebnis braucht es ein Objekt (die schwingende Saite) wie auch einen Menschen (den Resonanzkörper).

An einem Wahrnehmungsprozess dieser zweiten Art nimmt der Mensch anders teil als durch reines Messen und Beobachten. Nicht das Teleskop und die Kamera, der Mensch selbst mit seinem Bewusstsein und seinen

Gefühlen ist das Messinstrument. Ich nenne es daher ein teilnehmendes Wahrnehmen, in das der Mensch involviert ist. Mit seiner Teilnahme bringt er Subjektives hinein. Ist diese Art von Wahrnehmungen nur subjektiv, nur Illusion oder nur Wunschdenken, ausgelöst von einem Geflunker hirnphysiologischer Fehlleistungen? Dies alles ist möglich, aber das ausschließende »nur« scheint mir unbegründet. Eine teilnehmende Wahrnehmung lässt sich allerdings nicht völlig vom betroffenen Menschen ablösen, auch wenn die oder der Wahrnehmende sie nicht als rein subjektiv empfindet. Der beteiligte Mensch selbst ist das eigentliche Messorgan und daher nicht austauschbar. Allerdings kann man an dieser Art von Wahrnehmungen auch achtlos vorbeigehen, wie an einem schönen Gemälde im Kunstmuseum. Es braucht ein Wollen, sich auf diese Art von Wahrnehmung einzulassen. Erst die Wirkung der teilnehmenden Erfahrung zeugt von ihrer Wirklichkeit.

Teilnehmendes Wahrnehmen wird hier von Subjektivismus unterschieden. Zum Beispiel kann die Farbe des Lichts eines Roten Riesensternes objektiv mit einem Spektrometer bestimmt werden. Rot heißt dann, dass im Spektralbereich des roten Lichts höhere Intensität gemessen wird als im blauen Bereich. Das Verhältnis von Rot zu Blau definiert eine objektive Farbe. Sie ist für alle Menschen, die das Messinstrument ablesen, dieselbe. Daneben gibt es auch ein subjektives Farbempfinden, das nur bei der wahrnehmenden Person je nach Umstand eintritt. Schwache Sterne werden im menschlichen Auge nur von Stabrezeptoren wahrgenommen, die keine Farben unterscheiden können. Daher sehen wir entfernte Rote Riesen als weiße Punkte. Nur die allernächsten, wie Aldebaran im Sternbild des Stiers oder Arkturus im Bärenhüter, sind unter guten Bedingungen als schwach gelblich erkennbar. Sie werden demnach von den Zäpfchen der Netzhaut wahrgenommen, welche Farben unterscheiden können. Schon mit dem Feldstecher werden die Farben erheblich deutlicher. Auf photographischen Farbaufnahmen werden schließlich Rote Riesen wirklich rot, weil der Farbkontrast verstärkt wird. Die subjektiv empfundene Farbe ist eine Reaktion auf einen objektiven Tatbestand, die von den Umständen der wahrnehmenden Person abhängt. Von Subjektivismus müsste man sprechen, wenn diese Person ihre Wahrnehmung nicht reflektiert und die Beobachtungsbedingungen nicht einbezieht.

In einer teilnehmenden Wahrnehmung ist der objektive Sachverhalt ohne Mensch nicht wahrzunehmen oder von untergeordneter Bedeutung. Eine teilnehmende Wahrnehmung kann rational überdacht, ohne widerlegt zu werden. Sterne können durch computergesteuerte Teleskope beobachtet und ihre objektive Farbe kann automatisch bestimmt werden. Wenn die Daten dann astronomisch ausgewertet werden, sind weder Staunen noch Schrecken ausgeschlossen von Menschen, die sich davon ansprechen lassen.

Die Definition der Naturwissenschaften (lat. definire = abgrenzen, Grenzen setzen) schließt nicht den gesamten menschlichen Erfahrungshorizont ein. Gewisse menschliche Erfahrungen, wie das Ergriffensein vom Nachthimmel, von Kunst oder Mystik, sind vom Beobachter abhängig und nicht reproduzierbar, wie es die naturwissenschaftliche Methodik verlangt. Ich betrachte sie dennoch als wirklich, haben sie doch eine prägende Wirkung auf Menschen.

Tiefe der Wirklichkeit

»Wie oben, so unten; wie unten, so oben«, war die Devise einer alt-ägyptischen Mythologie.[42] Sie behauptete eine Entsprechung zwischen Göttlichem und Irdischem. Die räumlichen Vorstellungen, die mit oben und unten verbunden sind, haben sich in unserem Weltbild geändert. Moleküle im Universum strahlen gleich wie im irdischen Laboratorium. Es sind nicht entsprechende, sondern die identischen physikalischen Gesetze im Universum wie auf der Erde.

Allerdings nehmen wir auch heute die Wirklichkeit auf verschiedenen Ebenen wahr. Sie haben heute nicht mehr die alten Attribute von oben und unten, sondern von außen und innen. Die Naturwissenschaften messen und beobachten die Wirklichkeit objektiv. Als teilnehmende Wahrnehmung tritt sie uns ebenfalls entgegen. Ein Merksatz: Grundverschiedene Wahrnehmungen bilden die Ausgangspunkte von Naturwissenschaft einerseits und von Kunst und Religion anderseits. Die verschiedenen Wahrnehmungsarten spannen in der Folge auch verschiedene Ebenen von Sprache und Methode auf. Besonders in der gegenwärtigen Diskussion zwischen Naturwissenschaften und Theologie führt es immer wieder zu Missverständnissen und falschen Erwartungen, wenn die beiden Wahrnehmungsebenen nicht unterschieden werden. Die Verschiedenheit ist unter anderem der Grund dafür, dass die Naturwissenschaften weder Gott begegnen werden noch ihn widerlegen können. Es ist aussichtslos, in wissenschaftlichen Resultaten einen Beweis für Gott oder auch nur einen Schöpfungsplan zu suchen. Von naturwissenschaftlichen Messungen führt kein direkter Weg zu religiösen Erfahrungen, denn sie finden auf verschiedenen Ebenen statt. Ebenso liegt auch die Kunst jenseits der Grenzen der naturwissenschaftlichen Methode, welche Kunsterlebnisse nicht einschließt. Hier liegen *methodische* Grenzen vor. Es gehört zur Betriebsblindheit gewisser Kollegen, die eigene Grenze nicht zu kennen und das Fachgebiet als allumfassend zu erklären. Gerade an seinen Grenzen leuchten die interessantesten Erkenntnisse auf.

Auch wenn Naturwissenschaften und jene existenziellen Erfahrungen, die der Religion und Kunst zugrunde liegen, verschiedene Quellen der Wahrnehmung haben, können sie sich dennoch entsprechen: Von einer Entsprechung »wie außen, so innen« könnte man reden bei gewissen parallelen Erfahrungen, wie die Wirklichkeit in den Naturwissenschaften und im menschlichen Leben wahrgenommen wird. So ist als Beispiel einer Entsprechung vorab anzumerken, dass im physikalischen Wahrnehmen der kleinsten Dinge das Messinstrument nicht scharf vom Objekt zu trennen ist. Im quantenmechanischen Messvorgang bilden sie eine Einheit, an der auch der Beobachter teilnimmt. Weil die Quantenmechanik ein grundlegender Teil der Physik ist, hat jede naturwissenschaftliche Messung im Prinzip auch einen teilnehmenden Aspekt. Freilich spielt die menschliche Subjektivität nicht hinein, und die Ebenen dürfen nicht vermischt werden. Es handelt sich um eine Entsprechung von Naturwissenschaft und existenzieller Erfahrung, nicht um Gleichheit. Besonders reizvoll an diesem Beispiel ist die Entsprechung im Wahrnehmungsvorgang, der untersten Stufe der physikalischen Wirklichkeitserfahrung.

Im vorangehenden Kapitel bemerkten wir bereits eine weitere Entsprechung von außen und innen: Das Universum entwickelt sich und hat eine Geschichte, entsprechend zur Geschichte der Menschen. Und weiter: Die Zukunft, der das Universum, aber auch die Lebewesen und jeder einzelne Mensch entgegengehen, ist offen. Die weitere Entwicklung des Kosmos ist uns längerfristig nicht bekannt, sowenig wie jene unserer eigenen Persönlichkeit.

Die Mehrschichtigkeit der Wahrnehmung gibt der Wirklichkeit Tiefe. Die Wahrnehmung allein entschlüsselt die Wirklichkeit noch nicht. Ob bewusst oder nicht, verarbeiten wir Wahrnehmungen weiter, bis sie Erfahrungen und schließlich Erkenntnisse werden. Den tiefsten menschlichen Erkenntnissen gegenüber sind wir jedoch letztlich sprachlos, auch wenn sie, wie in der Religion oder in der Kunst, in symbolische Worte gefasst werden.

Naturwissenschaften und Theologie sind keine konkurrierenden Theorien zur Entstehung des Universums oder der Lebewesen. Im Folgenden gehe ich ferner davon aus, dass die Diskrepanz nicht nur ein Problem verschiedener Sprachspiele ist. Vielmehr sind es verschiedene Arten von Wahrnehmungen, welche die ungleichartigen naturwissenschaftlichen Erklärungen und theologischen Aussagen begründen.

Abbildung 14: *Die rund zweihundert Milliarden Sterne der Galaxie NGC 4526 sieht man selbst in diesem Bild des Hubble-Teleskops nur als diffusen Lichtnebel mit einem Durchmesser von 70 000 Lichtjahren. Die Sternstrahlung wird durch einen Ring von dunklen Molekülwolken unterbrochen, deren Staub das Licht absorbiert. Links unten ist eine Supernova zu sehen, deren Licht von der Hülle eines explodierenden Sterns erzeugt wird (Foto: High-Z Supernova Research Team, NASA).*

Vom Wahrnehmen zum Deuten

Das gängige Stereotyp des Astronomen, der hinter dem Teleskop in die Tiefen des Alls blickt, entspricht nicht ganz der Wirklichkeit. Die meiste Zeit verbringen Astronominnen und Astronomen nicht mit Beobachten, sondern mit Interpretieren. Interpretation gibt wiederum Anlass zu neuen Messungen. Wie erwähnt, besteht die naturwissenschaftliche Methode im Wechselspiel zwischen Experiment und Theorie. Im Laufe dieser Tätigkeit kommen verschiedene Interpretationsweisen ins Spiel. Um Missverständnisse über ihren Stellenwert zu vermeiden, müssen sie nun näher betrachtet werden. Ich werde im Folgenden drei Arten von Interpretationen unterscheiden: Erstens, was die naturwissenschaftliche Methode seit Beginn der Neuzeit beinhaltet und erfolgreich macht (*erklären und modellieren*), zweitens, was Naturwissenschaftler eigentlich anstreben und miteinander diskutieren, aber nicht in Fachzeitschriften publizieren (*verstehen*), und drittens, worüber sie sich bei einem Glas Wein abends am Kaminfeuer mit Freunden unterhalten oder in populärwissenschaftlichen Büchern schreiben (*deuten*).

Erklären und Modellieren

Was bedeutet es, ein Phänomen zu erklären? In naturwissenschaftlichen Erklärungen ist Folgendes zu beachten: Bei komplexen Phänomenen sind oft mehrere Erklärungen möglich. Jede Erklärung ist möglicherweise falsch und muss getestet werden. Es gibt fast unendlich viele Tests. Da nicht alle durchführbar sind, bleibt immer eine gewisse Unsicherheit bestehen. Erklärungen können durch Beobachtungen widerlegt werden, sterben aber oft erst dann aus, wenn ihr Urheber emeritiert wird. Erklärungen werden auch präzisiert, kombiniert oder ergänzt.
Es gibt zuverlässig erklärte Phänomene und weniger gut erklärte. Die Unterschiede an Zuverlässigkeit sind immens, der Übergang gleitend, und es ist nützlich zu differenzieren. In der Astrophysik gilt folgende Sprachregelung: *Gut erklärt* ist ein Phänomen, über das es einen allgemeinen Konsens gibt. Die Zahl der »guten Erklärungen« hat in der Astrophysik

seit dem Jahr 1900 von einigen Zehn (die heute noch gelten) auf einige Tausend zugenommen. Es herrscht zwar nie Einstimmigkeit, weil immer wieder neue Erklärungsmodelle ausgedacht und getestet werden können. Ein allgemeiner Konsens garantiert noch keine Wahrheit. Zum Beispiel hat sich die Äther-Theorie für die Ausbreitung elektromagnetischer Wellen nach vielen Jahrzehnten des Konsenses als falsch herausgestellt. Wird eine gute Erklärung durch eine neue Beobachtung ernsthaft in Zweifel gezogen, ist es jedoch immer eine Sensation. Gute Erklärungen sind im Allgemeinen durch ein Geflecht von vielen Beobachtungen und Zusammenhängen abgestützt.

Gilt ein Phänomen als *nicht erklärt*, heißt das nicht, dass keine Erklärung möglich wäre. Irgendeine vorläufige Hypothese gibt es immer. Nicht erklärt bedeutet, dass es mehrere kontroverse Erklärungen gibt oder die wahrscheinlichste Erklärung noch nicht durch weitere Indizien erhärtet ist.

Sonneneruptionen sind ein Beispiel, wie sich ursprünglich mehrere widersprüchliche Erklärungen veränderten, mit der Zeit zu einem einzigen Szenarium konvergierten, aber immer noch nicht gut erklärt sind. Wenn vor hundert Jahren spekuliert wurde, dass sich auf der Sonne chemische Explosionen oder Lawinen ereignen, geht man heute von der Freisetzung magnetischer Energie aus. In der Sonnenatmosphäre lassen sich Phänomene so gut beobachten, dass auch die physikalischen Erklärungen immer zuverlässiger werden. Satelliten liefern Bilder, auf denen die Wärmestrahlung der 2 Millionen Grad heißen Korona in den Wellenlängen von Röntgenstrahlen zu sehen ist und wie sie plötzlich durch eine Eruption aufgewirbelt und wegschleudert wird. Was früher beobachtet wurde, war wie der Rauch eines Feuers. Seit kurzem kann das Feuer selbst beobachtet werden, der Explosionsherd mit einer Milliarde Grad heißem Gas und einer Energie bis zu einer Trillion (10^{18}) Kilowattstunden, die in einigen Minuten freigesetzt wird. Das entspricht der tausendfachen jährlichen Stromproduktion auf der ganzen Erde. Gemäß den neuen Beobachtungen änderte sich die Erklärung.

Was zeigen die Beobachtungen? Eine Explosion findet anscheinend infolge eines lokalen Überdrucks statt. Das heiße Gas expandiert und verpufft in den Weltraum hinaus. Es gibt interessante Abweichungen: Die Expansion geht oft nicht weit und bleibt in der oberen Korona stecken. Die Schwerkraft erklärt zweifellos einen Teil der Vorgänge. Eine zusätzliche Kraft wird jedoch sichtbar. Sie schnürt den Fluß der Materie zusammen und verursacht bogenförmige Strukturen. Was ist diese geheimnisvolle Kraft? In einem solchen Fall ist das Vorgehen induktiv: Wir schließen vom Bekannten auf das Unbekannte. Weil Magnetfelder bekanntlich die Korona strukturieren, ist es naheliegend, dass auch in diesem Fall Magnetfelder wirken. Das ist aber noch nicht das Ende der Geschichte.

Seit Galilei bleibt die Physik nicht beim qualitativen Beschreiben stehen. Sie bildet die vorgefundenen Vorgänge auf die Mathematik ab. Hier wird die Physik schwierig und Außenstehende bekommen leicht das Gefühl eines schwankenden Bodens. Lesen Sie, liebe Leserin und lieber Leser, in Ruhe weiter, auch wenn Sie nicht alles verstehen, und ich erkläre hinterher, was in unserer Perspektive wichtig ist.

Das Vorgehen erfolgt immer in den folgenden drei Schritten: Zunächst werden die Phänomene in quantitativen Messgrößen erfasst (Kräfte, Dichte, Temperatur, Magnetfeldstärke usw.). Diese Begriffe sind gemittelte Größen und vernachlässigen die Mikrophysik. Die Größen werden nun in einen mathematischen Zusammenhang gebracht, das heißt als Gleichung ausgedrückt. In unserem Fall ist sie das zweite Newtonsche Gesetz,

$$\rho \; \delta\rho \; \delta V / \delta\delta t \; + \; \rho(V \times \nabla)V \; = \; qE \; + \; (J \times B)/c \; + \; \rho\rho g \; - \; \nabla \otimes p \; .$$

Keine Angst! Sie müssen aus dieser Gleichung nicht klug werden. In Worten ausgedrückt sagt sie: Dichte mal Beschleunigung gleich elektrische Kraft plus magnetische Kraft plus Gravitation minus Druckänderung.

Schließlich lösen Physiker die Gleichung nach rein mathematischen Regeln. Sie lässt sich multiplizieren, umformen, ableiten, integrieren und stimmt noch immer mit den Phänomenen überein, was sich in der Natur nachprüfen lässt. Ich finde das höchst erstaunlich! Selbst in Vorgängen wie auf der Sonne, die billionenfach größer sind als in irdischen Laboratorien, trifft die Gleichung noch zu. Die Lösungen der Gleichung haben physikalische Bedeutung: Sie geben an, wie sich Dichte, Geschwindigkeit und Druck in Raum und Zeit verändern, und beschreiben den kausalen Ablauf von Ursache (Kräfte) und Wirkung (Beschleunigung, Eruption). Die Mathematik ist nicht nur eine verschlüsselte Beschreibung, sie scheint vielmehr in der Natur drin zu stecken.

Die mathematischen Zeichen stehen für physikalische Größen und mathematische Operationen. Sie sind jedem Physiker geläufige Abkürzungen für Begriffe. Das Anordnen von mathematischen Symbolen zu Gleichungen ist nicht dasselbe wie etwa der Umgang mit Metaphern in der Belletristik. Die Andersartigkeit zeigt sich gerade auch in der obigen Umschreibung der Zeichen mit Worten. Dass es möglich ist, eine Gleichung zu umschreiben, könnte die Vorstellung wecken, es handle sich bei den Zeichen nur um Bilderschrift. Dem ist nicht so. Die Umschreibung gibt das Wesen der Gleichung bei weitem nicht wieder, denn der Text enthält den Kern der Mathematik nicht. Worte lassen sich nicht multiplizieren oder integrieren. Weil sie die Natur mathematisieren, beschreiben die Physik und andere exakte Naturwissenschaften die Natur auf einer anderen Ebene als es Philosophen, Theologen und Dichter tun. Unter Mathematisieren versteht man die quantitative Rekonstruktion der beobachteten Wirklichkeit mittels Begriffen und Strukturen der Mathematik.

Die Gleichung kann nicht ohne Angaben der Anfangswerte gelöst werden. Auch eine räumliche Begrenzung und die Werte am Rand müssen gegeben sein. Wir geben also ein Szenario vor, innerhalb dessen die Abläufe dann gemäß der Gleichung geschehen. Dieses Vorgehen nennt man *Modellieren*. Mit der Modellierung ist ein Phänomen *erklärt*. Das Modell beschreibt dann zum Beispiel, wie die Energie des Magnetfeldes in Wärme umgewandelt wird und das heiße Gas explodiert. Im Modell wird die durch die Messungen zutage getretene Wirklichkeit rekonstruiert. Damit ist die Wissenschaft aber noch nicht am Ende. Das Modell muss nun in weiteren Beobachtungen getestet und seine Richtigkeit überprüft werden. Das Verfahren zwischen Beobachten und Modellieren ist zyklisch. Modelle sind nicht die Wahrheit, sie sollen nur die Beobachtungen richtig wiedergeben. Die meisten Naturwissenschaftler sind indes Realisten und glauben, dass Modelle ein Stück Wahrheit adäquat abbilden.

Physikalisch erklären heißt, den Anfangszustand zu kennen, einen kausalen Zusammenhang zwischen Ursache und Wirkung zu finden und ihn mathematisch mit einer Gleichung quantitativ auszudrücken. Ein eindeutiger Zusammenhang zwischen Ursache und Wirkung lässt sich nicht immer herstellen. Gegenbeispiele sind nicht-lineare Phänomene wie das Entstehen von Sternen und Planeten. Derartig komplexe Vorgänge werden zwar durch deterministische Gleichungen beschrieben, ihre Lösungen hängen aber stark vom Anfangszustand ab. Der kausale Zusammenhang ist dann nicht über beliebig lange Zeit zu rekonstruieren.

Verstehen

Nur isolierte Vorgänge können physikalisch erklärt und mit einer mathematischen Gleichung dargestellt werden. Wie in früheren Kapiteln beschrieben, sind im Universum jedoch die meisten Vorgänge eine Verkettung von mehreren Ursachen und Wirkungen. Wenn verschiedene Prozesse nacheinander oder miteinander ablaufen, kommen mehrere Gleichungen ins Spiel. Sie müssen einzeln gefunden werden, das heißt der Vorgang wird auf einfachste Teilprozesse reduziert. Dieser methodisch erzwungenen Reduktion steht nun der Wunsch gegenüber, die Teilvorgänge in einem größeren naturwissenschaftlichen Zusammenhang zu überblicken und den ganzen Vorgang zu *verstehen*.

Mit Verstehen meine ich, ein Phänomen in einen größeren Wissenshorizont zu stellen und die naturwissenschaftliche Reduktion zu einem gewissen Grad rückgängig zu machen. Die einzelnen Erklärungen bilden dann ein Gewebe aus Zusammenhängen von Ursachen und Wirkungen in einem größeren Bereich von Wirklichkeit. In Vorlesungen versuchen wir solche Zusammenhänge zu vermitteln. Auch in Übersichtsreferaten werden sie thematisiert.

Sonneneruptionen sind ein Beispiel unter vielen für komplexe Phänomene im Universum. Zahlreiche Einzelprozesse laufen ab. Sie erscheinen im Ganzen als Details, müssen aber einzeln erforscht werden und bilden wissenschaftliche Spezialgebiete. Der Zusammenhang kann skizziert werden als eine Kette von Ursachen, die wiederum Wirkungen vorgängiger Ursachen sind. Lassen Sie mich als Illustration von Komplexität die entsprechende Kette am Beispiel der Sonne schildern: In Eruptionen wird magnetische Energie freigesetzt. Sie wird durch Wärmeströmungen im Innern der Sonne aufgebaut und drückt sich aus in Form von elektrischen Strömen. Intensive Ströme im dünnen Gas der Korona werden instabil. Die Instabilität erhöht den elektrischen Widerstand. Dank des Widerstands können Magnetfelder diffundieren. Dadurch vereinfachen sie ihre Geometrie und setzen Energie frei. Es geht hier nicht darum, diese Einzelheiten zu verstehen. Es geht um Wichtigeres: Die kosmische Wirklichkeit ist weit komplexer und vielschichtiger als die einfachen Schulbeispiele, etwa die Planetenbahnen, erahnen lassen. Die Dynamik des Universums steht in keiner Weise jener des eigenen Lebens nach, dessen Komplexität uns immer wieder neu fasziniert und erschreckt.

Die kausale Kette könnte noch viel detaillierter ausgeführt werden. Sonneneruptionen sind zudem ein Teilstück aus der weit größeren Kette der Entstehung und Entwicklung von Sternen. Es gibt auch eine Verkettung von Wirkungen: Eruptionen beschleunigen Teilchen. Die Teilchen strahlen in verschiedenen Wellenlängen von Radiowellen bis Gammastrahlen. Beschleunigte Teilchen stoßen auf Gasteilchen und heizen untere Schichten auf Millionen von Grad. Das heiße Gas expandiert und wird zum Teil durch instabile Magnetfelder von der Sonne weggeschleudert. Energiereiche Teilchen gelangen in den interplanetaren Raum. Eruptionen verursachen Stoßwellen im Sonnenwind. Stoßwellen beschleunigen Teilchen auf hochrelativistische Energien. Energiereiche Teilchen gelangen bis zur Erde, ionisieren die obere Atmosphäre und stören Navigation und Kurzwellenkommunikation.

Um das Wesentliche von Eruptionen zu verstehen, braucht man dies alles nicht im Detail zu kennen. Entscheidend ist die freisetzbare Energie des Magnetfeldes und die komplexe Dynamik eines heißen Gases, das aus elektrisch geladenen Teilchen besteht. Energie und Komplexität sind die Begriffe, unter denen sich die Einzelphänomene einordnen und verstehen lassen. Verstehen heißt hier auch, das Wichtige vom Unwichtigen zu unterscheiden und in der Lage zu sein, eine Forschungsstrategie zu entwickeln und zu verfolgen. Angesichts der Komplexität, die uns in der Astrophysik begegnet, kann das Verstehen des Zusammenhangs ebenso wichtig sein wie das Erklären von einzelnen Phänomenen.

Verstehen ist ein Grundbegriff der Geisteswissenschaften und soll nicht leichtfertig für die naturwissenschaftliche Methodik verwendet werden. Wilhelm Dilthey (1833–1911) hat zwischen den erklärenden Naturwissenschaften und den verstehenden Geisteswissenschaften streng unterschieden. In der Literaturwissenschaft, zum Beispiel, geht es darum, einen Text zu verstehen. Im Verstehen verlässt die oder der Erkennende die objektive Distanz und versetzt sich in das zu Verstehende hinein, das von subjektiven Wahrnehmungen geprägt wird. Ob Verstehen ohne Erklärungen möglich ist und umgekehrt, ist allerdings kontrovers.[43] Gerade in der Theologie haben die Erklärungen zur Herkunft und zum Umfeld von Texten viel zu ihrem Verständnis beigetragen. Das naturwissenschaftliche Verstehen hat jedenfalls mit dem geisteswissenschaftlichen gemeinsam, dass alle gesammelten und geprüften Fakten und Erklärungen überblickt und bewertet werden. Diese Wertung trennt das Wichtige vom Unwichtigen und gibt der Vielfalt Konturen.

Wir sind von einem einzelnen Phänomen, den Sonneneruptionen, ausgegangen und auf kausale Verflechtungen mit einem immer größeren Teil des Universums gestoßen. Man könnte nun fragen: Gibt es einen Zusammenhang aller Teile des Universums? Werden wir das Universum eines Tages verstehen? Ein guter Ansatz zum Verstehen des Universums ist die Perspektive der Zeitlichkeit.[44] Die Zeit erscheint in der Physik sowohl in der Kausalität wie auch im Zufall, die beide ein Vorher und ein Nachher erfordern. Speziell in der Astrophysik ist die Zeit, nicht der Raum, die dominante Dimension: Alles ist entstanden, alles wird vergehen. Dieses Verstehen ist noch sehr allgemein. Und doch erachte ich es als wichtiger als alle Entdeckungen und Erklärungen. Die Astronomie hat in der zweiten Hälfte des 20. Jahrhundert erstmals begonnen, kosmische Zusammenhänge zu verstehen und dabei die Geschichtlichkeit des Universums entdeckt.

Deuten

Der erstaunliche Fortschritt der Astrophysik stellt uns vor die Frage: Warum kann die Physik die Vorgänge im Universum in mathematische Gleichungen fassen? Diese kosmische Eigenschaft hat zur Folge, dass wenige Grundgesetze fast unendlich viele und unvorstellbar komplexe Phänomene erklären können. Erlaubt es dieser Wesenszug, vom Universum als einem Ganzen zu sprechen, und was würde er über das Universum als Ganzes aussagen? Ganz konkret: Funktioniert das Universum wie ein Computer?

Antworten auf diese Fragen sind *Deutungen*. Sie gehen aus von einem anderen Erfahrungsbereich, wie in der obigen Frage von der Arbeitswelt oder Informatik, und verwenden Analogien. Deutungen können keine kausalen Erklärungen sein, denn in diesen Fragen geht es nicht um Ursache und Wirkung und die Antworten sind nicht mathematisierbar. Sie übersteigen den Bereich der Naturwissenschaften und betrachten diesen von außerhalb. Deutungen geschehen auf einer anderen Ebene. Eine Ortsverschiebung weg vom Büro oder Observatorium ist angesagt, zum Beispiel ans Kaminfeuer.

Grenzüberschreitende Fragen nach Deutung stellen sich auch Naturwissenschaftler. Beim naturwissenschaftlichen Erklären kann es durchaus vorkommen, dass man sich wundert und nach dem Ganzen fragt, in das ein erklärtes Einzelphänomen eingebettet ist. Erst das Ganze und die Bedeutung, die das Einzelne im Ganzen hat, geben ihm seinen Wert. Die Deutungen werden nicht in wissenschaftlichen Fachzeitschriften publiziert, die diesen Namen verdienen, aber sie tauchen in populärwissenschaftlichen Büchern auf.

Man könnte einwenden, das Universum brauche nicht gedeutet zu werden, denn es handle sich nicht um praktische Fragen, die sich mit der naturwissenschaftlichen Methode beantworten ließen. Das stimmt insofern, als diese Fragen für die Astronomie nicht direkt relevant sind. Andererseits wäre eine denkbare Interpretation, das Universum als undeutbar zu erklären. Wenn das Universum von Menschen nicht gedeutet werden könnte, wäre auch die Frage nach seinem Sinn müßig. Die Frage nach dem Wesen des Universums berührt jedoch die menschliche Existenz. Es geht schließlich um nichts weniger als die Frage, warum wir hier sind und wo unser Platz ist im Ganzen.

Viele mögliche Deutungen

Das klassische Beispiel einer Deutung ist das Weltbild der Aufklärung: Die Welt ist ein *Uhrwerk*. In dieser mechanischen Deutung wird ein Teilaspekt der Wirklichkeit, die Zahnräder des aufkommenden Maschinenzeitalters, auf das Ganze übertragen. Die Zahnräder sind das Urbild für ein Muster, das im Universum, insbesondere im Kreisen der Planeten um die Sonne, wiedergefunden wurde. Die Mechanik der Uhr wurde zur Metapher[45] für das kausale Wirken im Allgemeinen. In dieser Übertragung auf das Ganze wird das Universum gedeutet. Die Deutung als Uhrwerk besagt einerseits, dass das Universum (inklusive Mensch) aus einer Menge kausal erklärbarer Bestandteile bestehe. Anderseits gibt sie jedem Bestandteil auch einen Wert und Sinn. Ohne die einzelnen Bestandteile würde das Uhrwerk nicht funktionieren.

In einer Deutung steckt immer auch eine zeitgebundene Perspektive. Die zum jeweiligen Zeitpunkt aktuellen Themen der Naturwissenschaften liefern die Paradigmen zum Deuten. Eine Sonneneruption, wie sie eben beschrieben wurde, erinnert nicht an ein Uhrwerk. Sie ist ein stark nicht-lineares Phänomen, bei dem viele Teile aufeinander einwirken und eine genaue Voraussage unmöglich machen. Die Bewegungen der Asteroiden und langfristig auch der Planeten sind weitere Beispiele. Das chaotische Verhalten solcher Systeme war im 18. Jahrhundert noch nicht bekannt. Auch die quantenmechanische Unschärfe und die daraus resultierenden Zufälle passen schlecht ins Bild einer Uhr. Die Uhrwerk-Deutung vermittelt wenig Sinn aus der Sicht der heutigen Naturwissenschaften.

Wir begegnen auch heute der Deutung, dass das Universum *rational* sei. Dies ist etwas allgemeiner und meint, dass im Grunde die ganze Wirklichkeit dem Verstand zugänglich, messbar und schließlich mathematisierbar sei, auch wenn die Naturwissenschaften die Gesetze noch nicht entdeckt haben und vielleicht auch nie finden werden. Die rationale Deutung ist eine Verallgemeinerung der naturwissenschaftlichen Erkenntnisse, welche die Entwicklung des Universums bis zu den Vorgängen im Gehirn nach kausalen Gesetzen erklären. Zufälle sind allerdings nicht kausal zu erklären und müssen akzeptiert werden. Sie spielen sowohl in der Quantenmechanik als auch in der biologischen Evolution mit. Als Paradigma der rationalen Deutung dient nicht mehr ein mechanisches Uhrwerk, vielmehr ein kosmischer Supercomputer mit Zufallsgenerator.

Ein rationales Natur- und Gottesverständnis lag bereits dem Deismus im 17. und 18. Jahrhundert zugrunde. Die Deisten nahmen an, dass Gott das Universum wie ein Uhrwerk in Gang setzte, im Folgenden aber keinen Einfluss auf die Geschehnisse im Universum nehme. Die rationale Deutung schließt unter anderem einen Gott aus, der eigenständig in das normale Naturgeschehen eingreift. Er hat nur noch in Wundern Platz, die weder kausal noch zufällig erklärbar sind. Alle anderen Vorgänge sind natürlich und bedürfen Gottes nicht. Er wird dann allenfalls noch als »Intelligenter Designer« gedacht mit rationalen Überlegungen und Zielen.

Die Naturwissenschaften gehen davon aus, dass die Natur logisch und damit in mathematischen Gleichungen fassbar sei. Diese Voraussetzung ist keine dogmatische Behauptung, sondern seit Galileo Galilei (1564–1642) eine hypothetische Annahme. Sie ist ein Teil der Methode und limitiert somit den Geltungsbereich der Naturwissenschaften. Die Annahme der Mathematisierbarkeit der Natur als Arbeitshypothese hat sich seit dreihundert Jahren im Bereich der exakten Wissenschaften gut bewährt. Eine Arbeitshypothese ist keine Deutung. Zur Deutung wird sie erst, wenn postuliert wird, die Grundlage, auf der unsere Wirklichkeit aufbaut, folge vollständig mathematischen Gesetzen. Folglich werden sämtliche Vorgänge im Universum als ein Spiel von Zufällen und Gesetzen gedeutet.[46] Diese nachträgliche rationale Deutung hat eine gewisse Akzeptanz gefunden unter den Naturwissenschaftlern, ist aber nicht allgemeiner Konsens. Bestimmt erfahren und deuten auch Naturwissenschaftler ihr Leben und die Motivation für ihren Beruf nicht ausschließlich rational. Wie die Fälle Galilei und Darwin zeigen, haben die Naturwissenschaften den Primat in kausalen Erklärungen. Das heißt aber nicht, dass sie zwingend auch die Deutungshoheit beanspruchen können.

Die rationale Deutung kann dahingehend kritisiert werden, dass kein logisches System vollständig aus seinen Axiomen hergeleitet werden kann. Dieser Unvollständigkeitssatz[47] des österreichischen Logikers Kurt Gödel (1906–1978) besagt, dass es immer Aussagen gibt, die weder bewiesen noch widerlegt werden können. So zum Beispiel der Satz: »Ich spreche jetzt nicht die Wahrheit.« Ist dieser Satz wahr, dann gilt seine Aussage nicht, und umgekehrt. Nach Gödel ermöglicht jede mathematische Logik widersprüchliche Aussagen und ist daher unvollständig. Der »gesunde Menschenverstand« mag einwenden, dass man im obigen Beispiel dem Sprechenden glauben sollte, obwohl seine Worte das Gegenteil sagen. Es gibt wahre Aussagen, die mathematisch keinen Sinn machen und nicht bewiesen werden können. Die Wirklichkeit als rational zu deuten, muss an Grenzen stoßen, die in jeder Logik gegeben sind.

Es ist auch die Deutung möglich, dass die Wirklichkeit größer sei als der rationale Bereich der Naturwissenschaften, und uns letztlich auch *Nichtrationales* entgegentrete. Dies würde bedeuten, dass nicht alles im Universum mathematisierbar sei und immer Geheimnisvolles bestehen bleiben werde. Der rational erklärbare Teil wird damit zu einer Untermenge der Wirklichkeit. Eine solche Aussage mag ungute Gefühle wecken, denn sie lässt auch ausufernde Esoterik und Okkultismus zu. Doch gibt es einen souveränen Umgang mit Nichtrationalität, wie in der Dichtkunst eindrücklich belegt ist.

Eine Variante der Nichtrationalität schließlich ist die Deutung, dass das Universum in eine größere, umgreifende Wirklichkeit eingebettet sei. Ich spreche hier von der transzendenten Begründung und der Deutung des Universums als *Schöpfung*. Auch diese Deutung entspringt nicht naturwissenschaftlichen Erklärungen, sie betrachtet diese vielmehr von außerhalb und deutet sie aus einer religiösen Lebensperspektive.

Schöpfungstheologie[48] geht vom Neuen aus, das im Universum unerwartet und »kontingent« auftritt. Kontingent wird in der Philosophie eine Entwicklung genannt, die möglich aber nicht notwendig ist. Das Wort ist nicht gleichbedeutend mit »zufällig«, eine Eigenschaft, die sich streng mathematisch formulieren ließe. Kontingenz lässt auch ein willentliches, zielgerichtetes Handeln zu, das weder Gesetzen folgt noch rein zufällig ist. Das Wort stammt aus dem Bereich von existenziellen Erfahrungen. Geeignete Beispiele von Ereignissen, die als kontingent erlebt wurden, findet jeder in seiner eigenen Biographie: Kennenlernen des Partners, Geburt eines Kindes, Entscheid zu einem Beruf usw. Dem kontingenten Auftreten von Neuem setzen die Naturwissenschaften die gesetzmäßige Entwicklung entgegen. Schöpfungstheologie deutet nun solche Regelmäßigkeit im Universum nicht als Normalzustand infolge von zeitlosen Gesetzen, sondern als ein im Grunde ebenfalls kontingentes Geschehen. Es ist immer wieder der göttliche Wille, der selbst die Regelmäßigkeit schafft und erhält. Den selbstverständlichen Normalzustand gibt es nicht.

Deutungen werden von Menschen aus individuellen oder traditionellen Perspektiven gemacht und enthalten ein stark subjektives Element. Sie können daher nicht mit allgemeinem Konsens rechnen, müssen sich aber rationalen Argumenten stellen. Nicht immer deuten Naturwissenschaftler bewusst und reflektiert. Oft geschieht eine Deutung nur implizit und wird nicht als solche erkannt und benannt. Deutungen können sich auch in Form allgemein gebrauchter Paradigmen einschleichen und verbreiten. Es ist besser, das Deuten zu reflektieren, und es soll auch Naturwissenschaftlern nicht verboten sein. Richard Feynman sagte: »Weil wir etwas nicht messen können, ist es trotzdem erlaubt, darüber zu sprechen. Aber wir müssen es nicht. Ein Konzept oder eine Idee, auch wenn nicht beobachtbar oder messbar oder mit einem Experiment in Verbindung zu bringen, kann brauchbar sein, aber muss es nicht.«[49]

Gewiss gibt es eine Vielzahl von möglichen Deutungen. Dem Deuten der Wirklichkeit sind keine Grenzen gesetzt. Niemand hat ein Monopol auf Deutung, auch nicht Naturwissenschaftler. Das relativiert Deutungen, macht sie aber nicht irrelevant. Die verschiedenen Deutungen zeigen vielmehr, dass keine Deutung die Wirklichkeit darstellt, wie sie ist.[50] Und trotzdem ist Deuten mehr als ein Zuckerguss über den Erklärungen der Naturwissenschaften. Wie wir deuten, hat erheblichen Einfluss auf unser Verhalten und unsere Einstellung zum Leben. Ohne Deuten können wir die Wirklichkeit nicht erschließen und uns nicht orientieren. Unser Handeln im Alltag ist auf Deutung angewiesen.[51]

Trotz der Vielfalt von möglichen Deutungen, soll eine Wertung nicht ausgeschlossen bleiben. Es gibt Deutungen, die an den Realitäten des Lebens vorbeiführen und zum Beispiel eine grundlos pessimistische Grundeinstellung oder leichtsinnigen Optimismus vermitteln. Hier gilt: Wer schlecht deutet, den bestraft das Leben.

Deuten erlaubt, weiter zu denken, als die Naturwissenschaften es können und dürfen, und erlaubt, von Schöpfung zu reden. *Wer von Schöpfung des Universums spricht, deutet naturwissenschaftliche Resultate im Licht anderer Erfahrungen.* Das soll nicht heißen, dass das Universum erst im Deuten zur Schöpfung werde. Die Deutung als Schöpfung zielt auf eine Wirklichkeit, die nicht erst durch die Deutung erzeugt werden kann. Was aber ist mit Schöpfung gemeint in einem Universum, wo Sterne nach kausalen Gesetzen entstehen und wo es keine offensichtliche Lücken und Pläne gibt? Kann der Begriff »Schöpfung« einschließen, dass alles Geschaffene wieder zerfällt, und ist er im Bereich der Lebewesen mit Fressen und Gefressenwerden zu vereinbaren? Schöpfungsvorstellungen schließen seit jeher Welterfahrungen[52] ein. Im nachfolgenden dritten Teil werden Voraussetzungen, Gründe und Folgen der Schöpfungsdeutung dargestellt. Es bleibt zu zeigen, dass sie nicht widersprüchlich oder beliebig, sondern angemessen ist im Blick auf die heutigen Naturwissenschaften.

Dritter Teil
Als Schöpfung deuten

Kreatives Prinzip, Hoffnung und Ethik

Blicken wir nachts wie auf einer Zuschauertribüne sitzend in das unwirtliche Universum hinaus, ist es höchst erstaunlich, dass es auf der Erde so etwas Komplexes und Subtiles wie Lebewesen gibt. Wie konnten sie sich hier entwickeln? Entstehen vielerorts Lebewesen oder ist die Erde einmalig? Die Beantwortung dieser Fragen hat praktische Konsequenzen.

Die Entstehung des Lebens im Universum

Leben, wie wir es kennen, kann nur entstehen, wenn die Bestandteile wie Kohlenstoff, Stickstoff, Sauerstoff und andere Atome zur Verfügung stehen, aus denen die organischen Moleküle bestehen, welche die Grundlage des Lebens bilden. Diese Elemente entstanden im Innern von Sternen und wurden durch Sternwinde und Supernova-Auswürfe ins interstellare Gas gebracht, aus dem sich neue Sterne und Planeten bildeten. Leben ist nur dank früherer Sterne möglich. Jede Faser in uns enthält Asche von mindestens drei Sterngenerationen. Auch der Boden, auf dem wir stehen, gründet auf Sternenstaub. Planeten wie die Erde gäbe es nicht ohne frühere Sterne mit großer Masse. Sie verschmolzen in ihrem kurzen, heftigen Leben riesige Mengen von Wasserstoff zu Eisen und Nickel, aus denen der Kern der Erde besteht. Sterne sind ein unentbehrliches Glied in der Kette, die zu Planeten und Leben führt.

Mehr als die Hälfte der heute bekannten rund 150 Moleküle in Molekülwolken und Sternhüllen sind organische Moleküle. Die Kohlenstoff-Chemie (organische Chemie) im Weltraum baut Moleküle mit über einem Dutzend Atomen auf. In Meteoriten wurden noch größere organische Moleküle nachgewiesen, unter anderem Aminosäuren, die Bausteine der Proteine. Sie zeigen, wie reich an organischen Molekülen der Urnebel der Sonne und die Planetesimale waren. Aus Planetesimalen und ihren Trümmern bildete sich die Erde. Das meiste ihrer organischen Fracht wurde in der frühen Phase der Planetenentstehung zerstört, als die Temperaturen über den Schmelzpunkt von Gestein stiegen. Doch haben spätere Kometen- und Asteroideneinschläge ohne Zweifel auch einfache or-

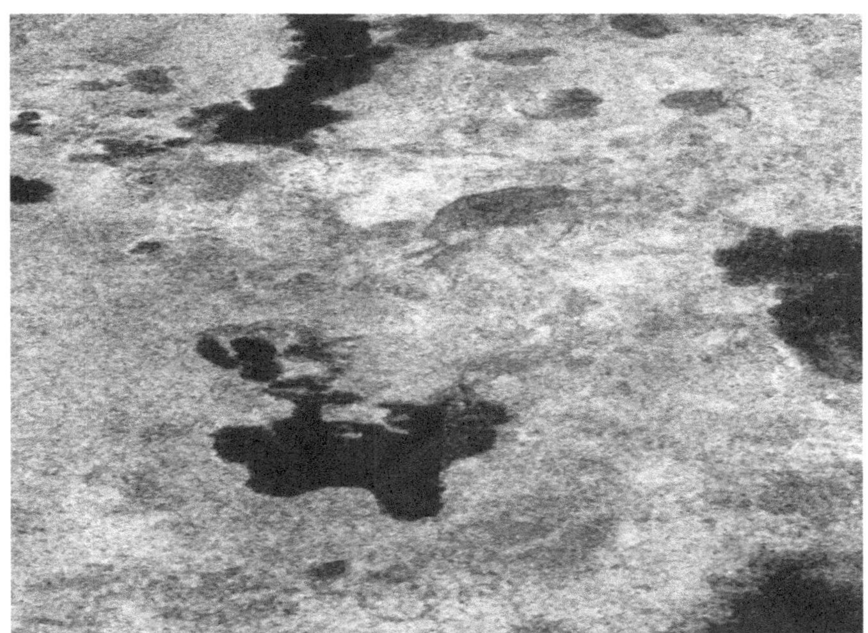

Abbildung 15: *Die Atmosphäre von Titan, einem Mond des Saturns, enthält Methan, Äthan und Kohlenwasserstoffe. Gelegentlich regnen sie in heftigen Niederschlägen und bilden Seen auf der Oberfläche. Im Radarbild der Cassini-Sonde erscheinen die Seen dunkel und sumpfige Ufergebiete grau (Foto: Cassini Radar Mapper, JPL, ESA, NASA).*

ganische Moleküle auf die Erdoberfläche gebracht. Dass das Leben im All entstand, wäre jedoch eine abenteuerliche Hypothese, sind doch zum Leben wesentlich komplexere organische Moleküle nötig, die sehr fragil sind und von denen es Tausende von Sorten braucht. Vielleicht hat sich das Leben hingegen aus einfachen organischen Molekülen aus dem Weltall entwickelt. Die ältesten Gesteine der Erde zeigen, dass primitives Leben schon kurz nach dem Späten Schweren Bombardement, spätestens aber vor rund dreieinhalb Milliarden Jahren entstand.

Große Asteroiden, die auf einen Planeten einschlagen, schleudern Gesteinsbrocken in den Weltraum. Diese können in der Folge zur Erde gelangen und werden hier als Meteorite gefunden. Gestein vom Mars kann an seiner ungewöhnlichen Mischung von Argon-Isotopen in Gaseinschlüssen identifiziert werden. Ein Meteorit vom Mars, der 1984 in der Antarktis aufgefunden wurde, zeigt unter dem Mikroskop erstaunlich ähnliche Strukturen, wie sie einzellige Fossilien auf der Erde hinterlassen. Diese »Entdeckung« von Leben auf dem Mars wurde in der Zwischenzeit zwar heftig bestritten und gilt als widerlegt, aber sie stimulierte immerhin die NASA zu einer Reihe von Marsmissionen mit dem Ziel, dort nach Leben oder vergangener biologischer Aktivität zu suchen. Der Marsmeteorit machte ferner auf einen Weg aufmerksam, wie sich Leben in einem Planetensystem ausbreiten könnte.

Seit einem halben Jahrhundert wird gezielt nach Leben im Universum gesucht. Als erster hörte Frank Drake 1960 die beiden erdnahen Sterne *Tau Ceti* und *Epsilon Eridani* mit einem Radioteleskop von 26 Metern Durchmesser ab. Die Suche nach extraterrestrischen Zivilisationen (SETI) blieb auch in vielen weiteren Versuchen erfolglos. Ein anderer Weg, Leben im Universum aufzuspüren, führt zu Planeten in unserem Sonnensystem. Die Marsmission der beiden Viking-Sonden von 1976 nahm Bodenproben und untersuchte sie ohne Erfolg nach Spuren von Leben. Weitere Orte in unserem Sonnensystem, wo unsere Art von Leben für möglich gehalten wird und vielleicht einmal Suchaktionen gestartet werden, sind Jupiters Mond Europa, unter dessen gefrorener Eisdecke flüssiges Wasser vorkommt, und Saturns Mond Titan mit einer Atmosphäre reich an Methan- und Kohlenwasserstoff-Molekülen.

Auf der Suche nach Leben im Universum müssen Annahmen gemacht werden, wie Lebewesen entstehen. Das irdische Leben basiert auf der Kohlenstoff-Chemie im Wasser, in dem sich organische Moleküle leicht lösen und miteinander reagieren. In Science-Fiction-Romanen wird auch über Leben auf Silizium-Basis spekuliert. Silizium ist allerdings im Gegensatz zu Kohlenstoff kein Bestandteil der Luft, weil seine Verbindung mit Sauerstoff bei Temperaturen unter tausend Grad einen Festkörper bildet. Vielleicht ist es nur Phantasiemangel, doch scheint sich das uns bekannte Leben nicht ohne Grund auf die organische Chemie zu stützen. Unter dieser Bedingung ergeben sich verschiedene notwendige Voraussetzungen, wo Leben entstehen kann: Allgemein gilt flüssiges Wasser als wichtigstes Kriterium. Damit Wasser flüssig ist, muss sich ein Planet auf einer stabilen Kreisbahn in einem bestimmten Abstand, ähnlich wie jenem der Erde, bewegen. Bis mehrzelliges Leben auf der Erde entstand, dauerte es dreieinhalb Milliarden Jahre. Der Planet durfte nach der Entstehung des Lebens nicht von einem Asteroiden mit mehr als hundert Kilometer Durchmesser getroffen werden, damit die Ozeane nicht in den Weltraum verdampften. Auch der Zentralstern musste so lange stabil bleiben. Die letztere Bedingung erfüllen nur Sterne, deren Masse jene der Sonne nicht wesentlich übertrifft.

Kürzlich wurde der erste Planet gefunden, abgesehen von der Erde, mit einigen dieser Eigenschaften: Gliese 581c.[53] Er umkreist 20,4 Lichtjahre entfernt von uns einen Stern mit einem Drittel der Sonnenmasse. Die durchschnittliche Temperatur liegt zwischen – 3 und 40 Grad Celsius. Weil der Planet den Stern in geringer Distanz umkreist, muss davon ausgegangen werden, dass sich der Planet synchron mit seiner Umlaufperiode dreht. Er zeigt also dem Stern immer dieselbe Seite, die sich aufwärmt. Auf der Nachtseite hingegen wird Wasser immer gefroren sein. Die lokalen Temperaturen weichen wahrscheinlich weit vom Durchschnittswert ab. Ob der Planet eine feste Oberfläche hat und die vielen anderen Voraussetzungen zur Entstehung von Leben erfüllt, ist daher zweifelhaft. Nach weiteren erdähnlichen Planeten wird eifrig gesucht. Mehrere Großprojekte auf Satelliten werden in naher Zukunft nicht nur viele erdähnliche Planeten entdecken, sondern sie auch getrennt vom gleißenden Licht des Sternes direkt beobachten.

Wie könnte Leben auf einem fremden Planeten nachgewiesen werden? Auf der Erde entstanden als erste Lebewesen Zyanobakterien, die im Wasser lebten und für ihre Lebensvorgänge Photosynthese betrieben: Aus Licht, Wasser und Kohlendioxid stellten sie organische Verbindungen her und setzten Sauerstoff frei. Indizien für Leben auf anderen Planeten wären demnach flüssiges Wasser auf der Oberfläche und Sauerstoff-Moleküle (O_2 und O_3) in der Atmosphäre. Sauerstoff reagiert schnell mit Elementen auf Planetenoberflächen wie Silizium, Aluminium oder Eisen. Wird der Sauerstoff nicht dauernd durch Lebewesen nachgeliefert, verschwindet er rasch aus der Luft. Sauerstoff-Moleküle können durch ihre Spektrallinien nachgewiesen werden. Es wird spannend werden, den »Sauerstoff-Test« auf erdähnliche Planeten anzuwenden.

Sonst noch jemand da?

Wie aus atomaren Bausteinen einzellige Lebewesen von der Art der Bakterien entstehen und wie sich nach langer Zeit daraus mehrzellige Lebewesen entwickeln, wissen wir nicht. Daher sind die Bedingungen nicht genügend bekannt, unter denen Leben entsteht, und die Frage, wie häufig Erdenzwillinge sind, sorgt immer noch für Kontroversen. Die Erde hat einige spezielle Eigenschaften, die zum Leben außerordentlich günstig sind: Jupiter lenkt mit seiner großen Masse gefährliche Asteroiden und Kometen ab. Die meisten schleudert er ins Weltall oder befördert sie auf eine Bahn, die in die Sonne hineinführt. Wäre Jupiter nur so groß wie Saturn, gäbe es dreimal so viele Einschläge auf der Erde. Die Zahl von Kometen war aber doch groß genug, dass sie so viel Wasser zur Erde transportierten, um Meere zu bilden, in denen Leben entstehen konnte. Eine gerade richtige Dosis von Asteroiden brachte das Leben immer wieder aus dem Gleichgewicht, sodass die Evolution weiterging. Die Reaktionen des Erdbodens, der Gesteine und der Lebewesen mit der irdischen Luft sind so gekoppelt, dass sie das Klima stabilisieren. Auch die Plattentektonik der Kontinente trägt dazu bei, indem sie der Luft exponierte Schichten ins Erdinnere verschiebt und damit den atmosphärischen Kohlenstoff reduziert. Die Entstehung unseres großen Mondes erscheint recht ungewöhnlich und dürfte eher selten sein. Der Mond stabilisiert die Rotationsachse der Erde und verursacht den Großteil der Gezeiten. Das irdische Magnetfeld, produziert durch Strömungen im flüssigen Eisenkern, schützt das Leben vor kosmischer Strahlung. Nicht jeder Planet hat einen flüssigen Kern wie die Erde und viele weitere Eigenschaften, die für die Evolution wichtig waren. Auch die Sonne und der interstellare Wolkenkern, aus dem sie entstand, boten günstige Voraussetzungen zum Entstehen von Leben, die nicht überall zu finden sind: weder übermäßige noch zu kleine Masse des Zentralgestirns, reichlich schwere Elemente aus früheren Sternen und wenige, aber eine genügende Zahl von Supernovae in der Nähe. Erde und Sonnensystem sind wie Menschen: Individuen, zu denen es im ganzen Universum keine exakten Duplikate gibt. Andrerseits ist kein offensichtlicher Faktor bekannt, der Leben anderswo unmöglich erscheinen lässt.

Gewiss kann Leben nicht auf jedem Planeten entstehen, und auf vielen der bisher bekannten inner- und außerhalb des Sonnensystems ist dies praktisch auszuschließen. Demgegenüber gibt es wahrscheinlich eine riesige Zahl von erdähnlichen Planeten im Universum, denn gemäß den neuesten Resultaten ist die Zahl der Planeten größer als jene der Sterne. Die Häufigkeit von Leben, das Produkt der kleinen Wahrscheinlichkeit mit der großen Anzahl der Planeten, kennen wir nicht. Sichere Antworten andere bewohnte Planeten betreffend gibt es nicht, aber folgende Plausibilität: Einzellige Lebewesen sind schon wenige hundert Millionen Jahre nach dem Späten Schweren Bombardement nachweisbar, also relativ kurz nachdem Leben auf der Erde möglich wurde. Dies wird vielfach als Indiz für häufiges einzelliges Leben im Universum betrachtet. Mehrzelliges Leben erschien erst nach zwei Dritteln der gesamten Zeit, in der Leben auf der Erde möglich ist von der Entstehung bis zur Klimaerwärmung durch die Sonne, und entfaltete sich erst nach einer großen Katastrophe. Das scheint doch eher ein Glücksfall zu sein, der ebenso gut nicht hätte eintreten können.

Und wenn es sie gäbe, die Außerirdischen? Als Gedankenexperiment wollen wir einmal annehmen, dass es außerirdische Intellizenz gäbe und wir ihr eines Tages begegneten. Sicher würde es von großem Interesse sein, wissenschaftliche und technische Informationen auszutauschen, was in der Science-Fiction-Literatur ausführlich beschrieben wird. Würde es auch einen viel weiteren, kulturellen Austausch geben? Würden sich die anderen für Religion und Kunst interessieren? Deuteten sie ihre Existenz als Zufall oder göttliche Fügung? Unsere Spekulationen hängen von unseren eigenen Deutungen ab und davon, welchen Wirklichkeitsgehalt wir ihnen zubilligen.

Das Ziel müsste ein gegenseitiger kultureller Austausch sein. Wie könnte also zum Beispiel eine Schöpfungsgeschichte weitergegeben werden? Nicht nur der Erzählrahmen mit dem jeweiligen Weltbild interessiert, vielmehr der eigentliche Inhalt von Schöpfungsgeschichten: die Ordnung und der Wert der Dinge im Universum, der Sinn des Lebens. Wie übersetzt man solche Inhalte, um sie Außerirdischen verständlich und plausibel zu machen? Die Frage zwingt, nochmals nach Religion zu fragen und wie sie sich an der Wirklichkeit misst. In sektiererischen Gruppen werden manchmal abstruse Konstruktionen angeboten. Es scheint, dass »anything goes«; aber meistens geht es nicht für lange. Auch einige Elemente der christlichen Tradition wären für Außerirdische nicht übersetzbar oder nur schwer einsichtig zu machen, weil sie einzigartigen historischen Konstellationen entsprangen. Längst sind die Fragen vergessen, die sie beantworteten. Trotzdem könnten aber gerade unsere kulturellen und religiösen Grundwerte für das friedliche Zusammenleben mit Außerirdischen wichtig sein. Aus diesem Grund wäre der kulturelle Austausch über die technisch-wissenschaftliche Kommunikation hinaus notwendig.

Soweit das Gedankenexperiment über außerirdische Zivilisationen. Vielleicht liegt seine Bedeutung weniger im astronomischen Bereich als im Aufzeigen eines allgemeinen Mangels. Beim Unterrichten auf der Universitätsstufe gilt die einfache Regel: Je besser ein Dozent einen schwierigen Stoff verstanden hat, desto besser lernen die Studierenden. Vertrautheit mit dem Stoff wirkt ansteckend. Nicht wenige Zeitgenossen haben heute Mühe, unsere hergebrachte Religion und Kultur zu verstehen. Unserer irdischen Zivilisation fehlt eine Übersetzung der Grundwerte in die Sprache des heutigen, von den Naturwissenschaften geprägten Weltbildes.

Das Kreative Prinzip

Wo würden wir mit dem Begriff »Schöpfung« in einer modernen Sprache anknüpfen? In der ungeheuren Kreativität der kosmischen Entwicklung sind mit der Methode der Astronomie keine Fingerabdrücke Gottes auszumachen. Der objektivierende Ansatz dieser Wissenschaft schließt den erkennenden Menschen aus und damit auch die Fragen nach seiner Existenz und nach Transzendenz. Auf der Ebene der Naturwissenschaften kann es nur Anstöße oder Entsprechungen zu Schöpfungsvorstellungen, nicht Beweise geben. Physikalische Vorgänge der Sternentstehung, zum Beispiel, können mit Teleskopen beobachtet und die relevanten Parameter gemessen werden. Modellrechnungen machen Erklärungen plausibel und regen zu bestätigenden oder weiterführenden Beobachtungen an. Auch wenn wir noch nicht alles wissen und nie alles verstehen werden, liegt dieser Bereich der Sternforschung ganz im Gebiet der exakten Naturwissenschaften. Jeder neugierige Mensch stellt sich nun irgendwann die Frage, was denn hinter allem stecke: Wie ist es überhaupt möglich, dass eine dermaßen komplexe Entwicklung bis hin zum menschlichen Bewusstsein abgelaufen ist, ja, dass immer wieder Neues entstehen kann? Warum kam es zu diesen Möglichkeiten, dank denen sich das interstellare Gas zu Sternen formen konnte?

In diesen Fragen geht es um den Vernunftsursprung[54] im Gegensatz zum kausal-zeitlichen Ursprung, den die Astrophysik erforscht. Die Vernunft nimmt das Staunen auf, dass etwas Neues entsteht, und versucht es in einen größeren Zusammenhang zu bringen. Das Universum hat offensichtlich die erstaunliche Eigenschaft, dass Neues entstehen kann. Die materiellen Dinge bleiben nicht, wie sie sind. Ein »Kreatives Prinzip« besteht, eine Grundeigenschaft, die sich auch in der Chemie, Biologie, bis hin zur menschlichen Gesellschaft zeigt. Dieses Prinzip fasst die vielfach beobachtete Eigenschaft zusammen, dass sich das Universum nicht nur verändert. Im Laufe der Veränderung entsteht qualitativ Neues. Zum Entstehen von Neuem gehört auch das Vergehen, der Zerfall des Bestehenden.

Das Kreative Prinzip stellt sich jedoch gegen die Vorstellung eines »kosmischen Reigens«[55] von Werden und Vergehen. Das Universum ist nicht im Gleichgewicht eines ewigen Kreislaufes, denn das Neue ist anders als das Gewesene, selbst wenn es aus ihm hervorging. Die Entwicklung des Universums in den vergangenen 13,8 Milliarden Jahren seit dem Urknall ist nicht zu übersehen. Heutige Sterne sind anders als frühere. Es gab eine qualitative Entwicklung: Überreste der ersten Sterne tauchten wieder auf in den folgenden Sterngenerationen und im Novum des ersten Planeten. Daher hat jeder Stern und Planet je seine eigene Zusammensetzung und Geschichte. Das Gleiche gilt bei Menschen. Auch wenn sich im menschlichen Körper vielerlei Verschmelzungsprodukte wie Kohlenstoff und Sauerstoff aus erloschenen Sternen befinden, sind Menschen anders als Sterne, und jedes frisch geborene Kind ist etwas überraschend Neues.

Neues im Universum ist nicht als konkretes Eingreifen einer übernatürlichen Kraft zu verstehen, kann aber der Anstoß zur Deutung als Schöpfung sein. Einige Theologen verstehen unter Schöpfung, »dass Gott aus dem Nichts etwas entstehen lässt«.[56] Das wirklich Neue, die Schöpfung, ist nicht materiell. Es ist vielmehr wie die Idee eines Malers zu einem neuen Gemälde, die er vielleicht nachts im Traum hat. Am Tag konkretisiert er das Bild dann mit Pinsel und Farbe. Während der Arbeit wächst die Idee weiter und erst im Laufe des Tages wird dann die Idee zu einem Gemälde. Der Pinsel vermittelt zwischen der Idee, die im Hirn des Malers entstand, und der Farbe, die ihren materiellen Ursprung in einer chemischen Fabrik hat. Das Beispiel des Gemäldes zeigt, wie das Neue je nach der Wirklichkeitsschicht verschiedene Ursprünge haben kann.

Das Neue, von dem hier die Rede ist, entsteht aus Bestehendem, kann aber nicht aus dem Alten hergeleitet werden. Es enthält Altes, ist aber eine neue Ordnung. Das Wort »Neues« weist auf die spontane Weise hin, mit der es entstand. Oft organisiert es sich selbst, indem sich eine kleine Abweichung verstärkt, wie zum Beispiel eine Dichteschwankung im Gas ei-

Abbildung 16: *Im Sternbild des Schwans liegt eine riesige Molekülwolke. Das Bild im Infrarot bei 21 Mikrometern Wellenlänge zeigt die Wärmestrahlung von Staub. Oberhalb der Mitte liegt DR21, wo in rund sechstausend Lichtjahren Entfernung ein massereicher Stern entsteht. Er ist umgeben von vielen einzelnen runden Wolkenkernen mit etwa einem Lichtjahr Durchmesser, in denen sich kleinere Sterne von der Masse der Sonne bilden (Foto: A. Marston [ESA], NASA).*

ner interstellaren Molekülwolke. Wir haben gesehen, wie unvorstellbar kreativ die Entwicklungen im Universum sind. Es scheint ihm ein Prinzip innezuwohnen, das dauernd zu Neuem anstiftet. Dieses Prinzip ist naturwissenschaftlich auf verschiedenen Stufen fassbar. Im Bereich der thermischen Schwankungen eines Systems im Ungleichgewicht wurde es von Ilya Prigogine (1917–2003) als »Ordnung aus Chaos«[57] beschrieben.
Der Begriff der Schöpfung bezieht sich auf diese Kreativität und deutet sie. Doch stammt er, wie später ausgeführt, aus einer anderen Wahrnehmungsebene und wird nicht durch das Kreative Prinzip begründet. Zur Erklärung des naturwissenschaftlichen Vorgangs trägt die Schöpfungsdeutung nichts bei, wohl aber in der existenziellen Orientierung. Das Universum als Schöpfung zu deuten, hat Folgen im Leben. Im folgenden Abschnitt über Ethik wird dies konkret.

Ethische Überlegungen

In der kosmischen Geschichte ist der Mensch ein winziger Teil, was die räumlichen und zeitlichen Dimensionen betrifft. Wenn es indessen um Komplexität von Systemen geht, sind das menschliche Gehirn und seine Leistungen auch auf kosmischen Skalen beeindruckend. Die Körperfunktionen auf der molekularen Ebene eines mehrzelligen Lebewesens sind vermutlich weit komplexer als die Vorgänge in einem Stern. Die Komplexität, von der hier die Rede ist, meint die Vielzahl der signifikanten Wechselwirkungen der Elemente und damit die große Zahl der Gleichungen, die nötig wären, um das System zu beschreiben. Es ist eine wichtige Eigenschaft des Universums, dass solche Komplexität entstehen kann, auch wenn das immer lokal und räumlich sehr beschränkt sein wird. Ob die biologische Evolution auf der Erde ein Einzelfall ist, wissen wir nicht, und werden es vielleicht nie wissen. Für die nachfolgenden ethischen Überlegungen müssen wir jedoch vorsichtshalber von der Möglichkeit ausgehen, dass sie im Universum äußerst selten so weit fortschreitet, bis mehrzellige oder gar ihrer selbst bewusste Lebewesen entstehen, ja dass diese Entwicklung sogar einmalig im ganzen Universum sein könnte. Dies gibt der winzigen Erde und der Menschheit eine außerordentliche Bedeutung.
Je länger je mehr trägt die Menschheit zur biologischen Evolution auf der Erde bei. Es hat für die Entwicklung des irdischen Lebens bedeutende Folgen, wenn heute 100 Tierarten pro Tag aussterben. Das gegenwärtige Artensterben wird ein bleibender Einschnitt in der Geschichte der Erde

und, im Hinblick auf die mögliche Einmaligkeit, auch des Universums sein. Es ist noch nicht abzusehen, wie groß die Zäsur sein wird im Vergleich zu den früheren Katastrophen, die durch kosmische Ereignisse ausgelöst wurden. Naturwissenschaftliche Überlegungen kommen zum Schluss, dass die Entwicklung des Lebens auf der Erde, wenn auch mit Einbrüchen, noch über mindestens eine Milliarde Jahre weitergehen könnte. Der größte Risikofaktor ist der Mensch.

Ethische Forderungen können nicht direkt aus dem naturwissenschaftlich gegebenen Rahmen hergeleitet werden. Im Gegenteil: Wird bewusst, wie sich das Leben durch Egoismus[58] entwickelte und mit Blut befleckt ist, fällt es nicht leicht, eine mitfühlende und moralische Gesinnung zu entwickeln. Das Überleben der Menschheit hat gewiss einen hohen Wert. Doch sind weder Mensch noch Umwelt stationär. Beide haben sich innerhalb von weniger als der letzten Million Jahre wesentlich verändert. Ethik im Weltbild der kosmischen Entwicklung müsste sich daran orientieren, dass die irdische Entwicklung, die über die vergangenen 4 Milliarden Jahre vorangeschritten ist, nicht plötzlich abbrechen soll. Unser Handeln darf nicht von kurzfristigen Interessen der menschlichen Spezies geleitet sein. Es muss eine »Ehrfurcht vor der Entwicklung«[59] gelten. Wir nehmen teil an der Entwicklung und tragen Verantwortung.

Es kann hier nicht darum gehen, eine in sich abgeschlossene Ethik zu präsentieren. Ethik kann nur im allseitigen Abwägen entstehen. Im Blick auf die universelle Entwicklung ist auf unsere Pflicht hinzuweisen, uns selbst zu entwickeln, aber auch die Entwicklung um uns nicht zu verhindern. Ehrfurcht vor der Entwicklung kann auch bedeuten, das Leben an Nachkommen weiter zu geben und sich nicht am eigenen Leben zu genügen. Die Sprößlinge mögen leibliche Kinder oder die geistige Entwicklung der nachkommenden Generation sein. Diese Ethik ist solidarisch mit der Entwicklung aller Lebewesen, nicht nur der eigenen Spezies, und im Einklang mit der Entwicklung der Erde.

Wir leben nicht in einem abgeschlossenen System, das es nur zu konservieren gilt. Das Universum ist keine Maschine, von der wir bald alles wissen. Solange die Entwicklung linear in der gewohnten Bahn verläuft, können wir sie voraussehen. Das wird sie nicht für immer. Nach einer gewissen Zeit – in der statistischen Mechanik entspricht dies der Lyapunov-Zeit (s. S. 83) – wird die Entwicklung eine neue, nicht voraussehbare Richtung nehmen. Wir sind nicht im Zug unterwegs, sondern in einem geländegängigen Allrad-Gefährt, dem jederzeit viele Wege offen stehen. Aber die Fahrt könnte auch enden. Die Entwicklung, die eine wunderbare Fülle von Lebensformen und Landschaften hervorbrachte, könnte in einer öden Wüste ausklingen. Als einzelner Mensch kann ich nur staunen, dass sie immer wieder weitergeht, und das Meine dazu beitragen.

Unter Entwicklung braucht man sich keineswegs nur die biologische Evolution vorzustellen. Die Entwicklung hat sich seit langem auf geistige und kulturelle Werte ausgeweitet. Gerade in der Entwicklung der menschlichen Gesellschaften zeigen sich die größten Veränderungen in den letzten zehntausend Jahren. Die verschiedenen Kulturen wachsen immer mehr zusammen, getrieben von der globalen technischen Zivilisation und ihrem ungestümen Fortschritt. Die einen Kulturen sterben aus, andere passen sich an und entwickeln sich im neuen Umfeld. Kulturen entwickeln sich in einem engen Verhältnis zu ihrer Umwelt und müssen sich mit ihr entwickeln, wenn sie sich ändert. Weil sich gegenwärtig die Umwelt vor allem infolge der menschlichen Zivilisation verändert, ist die kulturelle Rückwirkung nicht zu übersehen. So hat sich als Folge der Störungen im natürlichen Lebensraum die Idee des Umweltschutzes etabliert. Eine bemerkenswerte Entwicklung!

Das Anerkennen einer Entwicklung führt noch zu keiner Ethik. Im Gegenteil, gewisse Selektionsprozesse in der biologischen Evolution scheinen allen moralischen Regeln zu widersprechen. Doch gelten auf der Ebene der menschlichen Gesellschaft zusätzliche Gesetze. Die Ethik der Bergpredigt verlangt nicht, keine Feinde zu haben, sondern sie zu lieben. Wie erfrischend paradox! Jesu beispielhaftes Leben zeigt ferner, dass wer verliert, auch Gewinner sein kann. Ehrfurcht vor der Entwicklung muss Solidarität mit den Benachteiligten und Nichtselektionierten einschließen.

Selbst wenn sich die Entwicklung der Lebewesen eines Tages ins Tragische kehrte und schließlich zur Auslöschung des Lebens führte, ist sie großartig und ihr gebührt unsere Bewunderung. Ehrfurcht vor der Entwicklung heißt, heute einen Apfelbaum zu pflanzen, »auch wenn morgen die Welt zugrunde geht«.[60] Denn erstens wurden Apfelbäume noch nie für die Ewigkeit gepflanzt. Wir pflanzen und hoffen, wohl wissend, dass Apfelbäume einige Jahrzehnte alt werden können, aber manchmal keinen Winter überleben und allenfalls nie Frucht tragen. Das Apfelbaumpflanzen steht für etwas Neues beginnen und für Entwicklung. Wenn die Entwicklung schon seit tausenden von Jahren Sinn hatte, dann auch heute Nachmittag und morgen. Zweitens wird die Welt nicht ins Nichts verschwinden. Den Status quo können wir zwar nicht für immer erhalten. Es bleibt dabei, dass die Erde langfristig unbewohnbar wird und damit das Leben

in der heutigen Form ausgelöscht wird. Vielleicht bildet sich dann aber etwas Neues.
Dieser Sicht liegt eine Hoffnung zugrunde. Dazu gehört eine bestimmte Erwartung der zukünftigen Entwicklung. Hoffnung gibt auch in scheinbar ausweglosen Umständen die nötige Kraft, in der Gegenwart auf eine visionäre Zukunft hin ethisch zu handeln.[61] Was auch immer das Übel, die Hoffnung geht davon aus, dass letzten Endes alles einen guten Sinn hat.

Hoffnung trotz Zerfall?

Hoffnung für die Zukunft zu haben in einem sich entwickelnden Universum, wo alles auch wieder zerfallen wird, kann nur heißen, auf etwas Neues zu setzen, auf etwas, das es vielleicht jetzt noch nicht gibt oder nur in Anzeichen sichtbar ist. Hoffend deuten wir bestimmte Zeichen der Zeit in der Erwartung von etwas Neuem. Hoffnung ist jedoch mehr als der Optimismus, der nur eintritt, wenn gute Gründe da sind. Hoffen kann man auch in aussichtslosen Situationen und gegen alle Vernunft.
Es besteht eine merkwürdige Asymmetrie zwischen dem Zerfall aller Dinge im Universum, den wir zum Teil genau vorausberechnen können, und dem Entstehen von Neuem, das nicht prognostizierbar ist. Auf Neues können wir nur hoffen. Gewiss, das kann auch Illusion sein, also eine billige Hoffnung, welche die Fakten verdrängt. Woher nehmen wir die rechte Hoffnung?
Hoffnung gründet auf Erfahrungen von erfülltem Vertrauen. Diese Erfahrungen sind keine Beweise, nicht einmal Prognosen. Hoffnung, auf die Zukunft ausgerichtet, statt auf das faktisch Gegebene, erwartet Neues. Die Naturwissenschaften bieten keine Hoffnung an, denn diesbezügliche Erfahrungen sind nicht Teil der Naturwissenschaften. Sie schließen allerdings Hoffnung nicht aus. Die Naturwissenschaften gehen von einem Normalzustand des Universums aus. Sie erwarten zum Beispiel, dass im nächsten Augenblick, vierhundert Billiarden ($4 \cdot 10^{17}$) Sekunden nach dem Urknall, wieder eine neue Sekunde entstehen wird. Auch kann die bisherige Entwicklung des Universums als Bild für die Zukunft dienen: Es könnte wieder Neues entstehen, war doch das Universum bisher äußerst kreativ. Es ist erst wenige hunderttausend Jahre her, seit das menschliche Bewusstsein entstand, ein Augenblick im Vergleich zu den Zeiträumen seit dem Urknall. Neues entsteht noch in der Gegenwart. Hoffnung stützt sich auf die beobachtete Kreativität.

Doch wird in Zukunft Neues auch wirklich entstehen? Das Neue lässt sich nicht voraussagen. Es entsteht spontan und chaotisch, weil sich das Universum nicht wie ein Uhrwerk verhält und sich nicht linear entwickelt. Wie sollten die Naturwissenschaften etwas noch nie Dagewesenes voraussagen können, das von ähnlicher Komplexität wie ein Stern oder ein Lebewesen ist? Die zukünftige Entwicklung des Universums ist daher zu einem guten Teil offen. Dieser offene Teil betrifft weniger den Zerfall – der fest steht – als das Entstehen neuer Strukturen aus Altem und Zerfallenem.
Hoffnung auf Neues ist eines von mehreren Deutungsmustern. Entscheiden wir uns für dieses Muster, so deuten wir die gegenwärtige und zukünftige Entwicklung auf eine bestimmte Art. Alternativen wären die Erwartung des endgültigen Zerfalls, die Verzweiflung oder der Agnostizismus. Beim Deuten erscheinen die naturwissenschaftlichen Fakten in einem neuen Licht und unter einer bestimmten Perspektive.
Die zentrale Botschaft des Christentums an die Welt ist Hoffnung, in der selbst der Zerfall und der Tod nicht das letzte Wort haben. Das Musterbeispiel sind die Ereignisse von Karfreitag und Ostern. In dieser Sprache drückt sich die Hoffnung aus etwa mit den Worten: *Der Schöpfer des Universums wird auch die Welt der Zukunft erschaffen. Selbst wenn alles zerfällt, wird seine Güte bleiben.* Der Begriff von Schöpfung hat hier eine Zukunftskomponente und bedeutet, Hoffnung zu haben. Ethisch gutes Handeln ist schöpferisches Mitgestalten aus Dankbarkeit gegenüber der erfahrenen oder erwarteten Fülle von Entwicklungen.[62] Hoffnung und Vertrauen geben die nötige Kraft für eine Ethik angesichts der offenen Entwicklung.
Hier werden Begriffe wie Schöpfer oder Güte nicht in einem historischen Kontext, sondern aktuell verwendet. Sie mögen befremden an diesem Ort, denn was früher selbstverständlich »Gott« genannt wurde, ist heute im Zusammenhang mit Naturwissenschaften ein Minenfeld von Missverständnissen geworden. Fürs Erste sei hier angemerkt, dass diese Begriffe hier als Teile einer Symbolsprache verstanden werden. Ursprünglich sind sie Bilder für existenzielle Erfahrungen und haben in der Tat nichts mit dem Universum zu tun. Die Quelle der Bilder ist der Alltag. Das Wort »schöpfen« kommt von »schaffen«, das sich aus »schaben« entwickelte und früher die Tätigkeit eines Holzschnitzers bezeichnete. Aus dem rohen Stück Holz formt er eine Figur. Die Metapher deutet die Erfahrung, in der ein Mensch sich seiner bewusst wird und spürt, dass er sein Wesen aus einer anderen Hand empfangen hat. Dies kann ihn zur Aussage führen: »Gott hat mich erschaffen.« Der Ausdruck »Schöpfer des Universums«

hingegen versucht, zwei Begriffe aus verschiedenen Ebenen zu verbinden: die existenzielle Erfahrung (Gott) mit dem naturwissenschaftlichen Begriff »Universum«.

Wie bereits dargestellt sind die materiellen Dinge des Universums nicht im Urknall entstanden. Gegenwärtig sind im ganzen Universum zehn Trillionen (10^{19}) Sterne am Entstehen. Mit einer Rate von 30 000 pro Sekunde treten sie ins Stadium der Wasserstoffverschmelzung und schließen damit ihre Entstehungsphase ab. Mit anderen Worten: Im Universum entstehen jede Sekunde 30 000 Sterne. Sie sind ein wichtiger Teil des Universums. Der Begriff »Schöpfung« würde somit bedeuten, dass Gott auch jene Sterne erschafft, deren Entstehen die Astrophysiker heute beobachten. Wie soll man dies verstehen?

Wir werden im folgenden Kapitel dieser Frage nachgehen. Es geht darum, die Symbolik des Schöpfungsvorstellung, die auf existenziellen Erfahrungen fußt, in ein Verhältnis zu setzen mit der Entstehung und Entwicklung des Universums aus naturwissenschaftlicher Sicht.

Gott im Universum

In Isaac Newtons Hauptwerk, den »Principia« von 1687, kommt das Wort »Gott« 63 Mal vor. Früher waren Gott und Universum Begriffe, die nahe beieinanderlagen. Heute sucht man in naturwissenschaftlichen Publikationen vergeblich nach diesem Begriff. Er tritt in keinem der rund fünfzigtausend Fachartikel der Astrophysik auf, die im Jahr 2006 publiziert wurden. Gewiss, auch Sinn, Schönheit oder Liebe kommen da nicht vor. Seit zwei Jahrhunderten umgehen die Naturwissenschaften alle Begriffe dieser Art und stellen keine metaphysischen Fragen. Zum Teil ist der Fortschritt in den Naturwissenschaften gerade darum so stürmisch, weil über diese Fragen, in denen kein Konsens zu finden wäre, hinweggegangen wird.

Es ist nicht zu übersehen, dass die Vorstellungen von Gott in verschiedenen Religionen variieren, noch mehr jedoch verändern sie sich mit der Zeit. In der Antike stellte sich der griechische Volksglaube die Götter wie große Menschen vor, gemäß meinen Informationen etwa zehnmal so groß wie ein Berg, also rund 10 Kilometer. Heute wissen wir, dass das Universum 10 Trilliarden (10^{22}) mal größer ist als ein Berg. Ändert das etwas Qualitatives an unserer Gottesvorstellung? Ich denke schon. Ein katholischer Priester sagte mir nach einem Vortrag: »Wie kann ich eine Fronleichnamsprozession in Gottes Natur hinaus veranstalten, wenn das Universum so groß ist? Dann muss Gott noch viel größer sein.« Die riesige Zahl ist so unvorstellbar groß, dass sämtliche Gottesbilder inadäquat werden. Freilich mahnte bereits das Bilderverbot der abrahamischen Religionen davor, sich Gott vorzustellen.

Bücher der verschiedensten Arten zum Thema Gott und Naturwissenschaft sind heute vor allem im englischsprachigen Raum keine Mangelware. Sie argumentieren vielfach allgemein philosophisch und rühmen sich der objektiven Haltung, obwohl Religiosität eine persönliche Angelegenheit ist. Da Gotteserfahrungen nicht objektiv messbar sind, werden die Naturwissenschaften nicht auf Gott stoßen, sowenig wie die Forscher in Flews Original der Gärtner-Parabel (s. S. 61). Es gibt keine zwingenden Hinweise auf Gott weder in irdischen Laboratorien, noch in den Entstehungsprozessen von Sternen oder im Urknall. Er taucht in keiner mathematischen Formel auf, mit der diese Vorgänge beschrieben werden. Weil sich das Universum entwickelt und immer noch Neues entsteht, machen das Uhrwerk-Paradigma des Universums und damit auch das Bild vom »Uhrmacher-Gott« wenig Sinn. Trotz der erstaunlichen Tatsache, dass sich im Universum so etwas Komplexes wie das menschliche Bewusstsein herausbilden konnte, passt die Metapher des Plans oder »Designs« nicht zur kosmischen Entwicklungsgeschichte mit den ungeheuren Katastrophen, Sackgassen und unermesslich verschwenderischen Fehlentwicklungen. Die Naturwissenschaften und damit auch das gegenwärtige Weltbild, das sich auf sie bezieht, sind agnostisch. Ihre Messmethode und die Interpretation der Daten durch kausale oder zufällige Vorgänge bringen nichts augenfällig Göttliches hervor.

Und doch sind Gott, das Göttliche oder die Transzendenz nicht einfach von der Bildfläche der Öffentlichkeit verschwunden wie viele andere alte Begriffe. Die Gründe dafür müssen außerhalb des Bereichs der Naturwissenschaften liegen. Als Konstrukt zur Erklärung naturwissenschaftlicher Resultate, wie ihn die Physikotheologen um 1700 verwendeten, ist der Begriff Gott heute nicht mehr nötig. Nur Wahrnehmungen der Art von Blaise Pascal (s. S. 95), Visionen oder biographische Erfahrungen können konstitutive Gründe sein, von Gott zu sprechen.

Wenn Gott nur persönlich erfahren wird, bleibt die Frage, was denn eine religiöse Deutung des Universums als Schöpfung mit der kosmischen Wirklichkeit zu tun hat, welche die Astrophysik beobachtet. Eine ähnliche Frage haben schon die Autoren der biblischen Schöpfungsgeschichten gestellt, und es ist spannend, zunächst nach ihren Antworten zu suchen. Denn Gott war schon zu biblischen Zeiten kein wissenschaftliches Messresultat. Das biblische Reden von Gott hat einen anderen Ursprung: Gott wurde in existenzieller Bedrohung oder in Katastrophen erfahren, zum Beispiel auf der Flucht der Israeliten aus Ägypten oder bei Jesu Hinrichtung.

Biblische Schöpfungsgeschichten

Traditionell stehen in unserer Kultur die beiden Schöpfungsgeschichten nach Genesis 1 und 2-4 im Vordergrund. Was damals selbstverständlich war, erscheint heute als zentrale Aussage: das Universum ist in etwas noch Umfassenderes, Transzendentes eingebettet. Dieses hat das Universum gewollt und gibt ihm damit eine Letztbegründung und ursächliche Ein-

heit. Gerade darin, dass die Dinge im Universum selbst nicht göttlich sind, unterscheiden sich die biblischen Schöpfungsgeschichten von jenen anderer Religionen der damaligen Zeit. Heute müssten wir ergänzend beifügen, dass die moderne Naturwissenschaften auch die Entwicklungen im Universum, nicht nur die Dinge, als nicht genuin göttlich verstehen.
Dass die Bibel die transzendente Macht zum Teil mit sehr menschlichen Zügen schildert, stört nicht, sofern diese als Metaphern erkannt werden (gr. metaphorá = Übertragung). In Genesis 2,7 ist zu lesen, wie Gott den Menschen aus Erde gemacht hat. Die Metaphorik ist nicht zu übersehen: Der Ursprung des Bildes ist vielleicht eine Töpferin, die aus freiem Willen und nach eigenen Vorstellungen das formlose Element ergreift und ihm eine Gestalt gibt. Sinnigerweise wird nicht von Ton gesprochen, sondern von Ackererde. Im Namen Adam klingt das hebräische Wort *ʹadama* für Ackerboden an.[63] Auch gemäß der modernen Biologie enthält ein menschlicher Körper Atome des Erdbodens. Eine Metapher soll aber nicht nach der äußerlichen »Wahrheit« beurteilt werden, sondern nach dem, was sie leistet. Schon damals war der Unterschied von Bildspender (Ackererde) und Bildempfänger (menschlicher Körper) bekannt. Die biblische Metapher will sagen: Der Mensch entsteht und lebt von dem, was ihm der Erdboden gibt, und wird wieder zu Erde. Die Erde liefert allerdings nur das Material. Zum Menschen wird dieses erst, wenn Gott ihm den Atem gibt. Hinter der Metapher steht letztlich die Vorstellung, dass jeder Mensch dem göttlichen Willen und einer göttlichen Idee entspringt. Das bedeutet: Eigentlich wird der Mensch nicht aus Erde, sondern aus einer Idee erschaffen. Der ideelle Ursprung hat in der Theologie allerdings erst seit Augustinus (um das Jahr 400) Vorrang vor dem materiellen Ursprung und wird als Schöpfung aus dem Nichts bezeichnet. Die bildhafte Geschichte in Genesis 2,7 von der Erschaffung des ersten Menschen drückt die Erfahrung aus, dass weder unsere Eltern noch wir uns selbst erschaffen haben. Dies ist die primäre Schöpfungserfahrung: Nur wer sich selbst als Schöpfung versteht, kann dies auch für das Universum tun. Der eigentliche Ursprung der Schöpfungsvorstellung ist eine existenzielle Erfahrung: Das Leben ist ein Geschenk, auch wenn es sich gemäß der zweiten Schöpfungsgeschichte in einer ambivalenten Welt, nicht im Paradies abspielt.
Schöpfungsgeschichten, die in Bildern das Universum deuten, waren bereits in der griechischen Antike schwer verständlich. Frühchristliche Theologen des ersten Jahrhunderts deuteten das Wirken Gottes in der Welt auf eine neue Art. Als Deutungsmuster dient im Neuen Testament eine einzigartige Geschichte, die sich in der damaligen Gegenwart ab-

spielte: Die Jünger Jesu standen unter dem Schock der Hinrichtung ihres Meisters und gingen bereits wieder als Fischer an ihre alten Arbeitsplätze zurück. Unter dem Eindruck der nachösterlichen Erscheinungen wendet sich das Blatt: Etwas Neues entsteht aus der Katastrophe: Trotz des Zerfalls lebt Hoffnung, entsteht eine neue Gemeinschaft und herrscht Jubel. Ostern ist im frühen Christentum zu einem Beispiel dafür geworden, dass Katastrophen nicht das Ende sein müssen, wenngleich sie es oft sind. Gott kann daraus Neues schaffen. Die Ostergeschichte wurde zum Musterbeispiel des christlichen Schöpfungsglaubens.

Im Vorwort des Johannes-Evangeliums (Prolog) wird diese Erfahrung zur Metapher für die ganze Welt.[64] »Im Anfang war das Wort, und das Wort war bei Gott und das Wort war Gott … [und] kam in die Welt« (Joh 1,1-9). In den Reden von Jesus nehmen die frühen Christen eine Kraft wahr, die sie und ihre Umwelt erschüttert und verändert. Sie identifizieren diese Kraft mit jener, die auch im Universum Neues schafft. Jesu Worte sind wie die Weisheit Gottes, die von Anfang an war und von ihm ausging. Die teilnehmenden Erfahrungen im Leben werden auf den Kosmos übertragen: Wie innen, so außen. In dieser Übertragung wird das Universum als Schöpfung gedeutet und zugleich erklärt, was Schöpfung bedeutet: *Schöpfung ist wie das Leben und Wirken von Jesus.* Der Prolog ist eigentlich keine Einführung, vielmehr eine spekulative Theorie, die dann im restlichen Evangelium im Blick auf Leben, Sterben und Auferstehen Jesu entfaltet und einsichtig gemacht wird. Ohne diese Theorie wären Johannes die Ereignisse nicht verständlich. Er bringt sie in einen Zusammenhang mit der kosmischen Schöpfung und zeigt zugleich auf, was er unter Schöpfung versteht: Ein Wort (gr. logos, kann hier auch mit Weisheit übersetzt werden) geht von Gott aus und bewirkt Veränderungen in der Welt. Schöpfung geschieht nicht in einer mythischen Vorzeit. Für Johannes hat Schöpfung mit der Weisheit zu tun, die dem Universum und seiner Entwicklung von Anfang an zugrunde liegt und sich auch in der Gegenwart manifestiert und Gestalt annimmt.

Ist das heute noch verständlich? Was würde es zum Beispiel konkret bedeuten, zu sagen, Gott erschaffe die Sterne? Ausgangspunkt der Idee für eine göttliche Schöpfung der Sterne können nicht die naturwissenschaftlichen Resultate oder Lücken in ihrer Erklärung sein, sondern nur teilnehmende Wahrnehmungen. Solche Wahrnehmungen von Sternen sind oft mit Staunen verbunden, wie beispielsweise bei Walt Whitman, der sich vom Geheimnis der Sterne ansprechen ließ. Oder aber mit Erschrecken, die Gefährdung und Endlichkeit des Sonnensystems betreffend. Schöpfungsgeschichten wollen Sinn vermitteln, Ordnung aufzeigen und Orientierung geben. Die grundlegenden Wahrnehmungen von Schöpfung stehen außerhalb des naturwissenschaftlichen Erfahrungsbereichs. Sie lassen sich nicht mathematisch ausdrücken und sind nicht so objektivierbar, dass Schöpfung ohne Teilnahme plausibel würde.

Entstehung und Entwicklung von Sternen sind weit jenseits unserer Einflussmöglichkeiten. Wir können keine Sterne fabrizieren und könnten ohne Sonne nicht leben. Die Menschheit wäre nicht entstanden ohne Sterne und ist vollständig auf den nächsten von ihnen, unsere Sonne, angewiesen. Sterne sind erst dann als Schöpfung erkennbar, wenn wir sie samt ihren physikalischen Vorgängen nicht einfach als gegebenen Normalzustand, sondern wie ein Geschenk empfinden. Dieses staunende Gefühl, beschenkt zu werden, beschreiben die biblischen Schöpfungsgeschichten und Psalmen in vielen Bildern. Auf diese Weise kann Schöpfung auch heute verstanden werden, wenn zum Beispiel aus der Asche alter Sterne neue Planetensysteme entstehen. Das gibt Anlass zu Hoffnung, denn dies ereignet sich in der Gegenwart. *An Schöpfung glauben bedeutet, die Entwicklung des Universums in guter Hand zu wissen.*

Kosmische Ikonen

Nach einem Fernsehinterview über Schöpfung und Entwicklung des Universums sagte mir die Regisseurin, das Aufgenommene sei interessant und die Bilder sehr schön gewesen, nur habe sie nicht aufpassen können. Sie sei ab den ersten Minuten von der bohrenden Frage wie besetzt gewesen, warum ich überhaupt von Gott rede und ob es ihn wirklich gäbe. Ich hätte keinerlei Spuren von ihm auch nur andeutungsweise aufgezeigt.

Gibt es Spuren von Gott? Ja und nein! Zuerst das Nein: Es ist nicht selbstverständlich, dass Sterne und Planeten entstehen. Noch weniger gewiss ist die Entstehung von Leben. Überhaupt wäre unser Universum ganz anders, wären gewisse Parameter im Standardmodell der Teilchenphysik verschieden von den gemessenen Werten. Hätte zum Beispiel das Elektron die Masse seines Schwesterteilchens, dem Myon, könnte das Neutron nicht zerfallen. Es gäbe im Universum nur Neutronen und Neutrinos, keine Atome, wie wir sie kennen, und schon gar keine Moleküle und Menschen. Es gibt ein gutes Dutzend weiterer solcher Konstanten, die ziemlich genau richtig sein müssen, damit unser Leben möglich ist. Man nennt dies die kosmische Feinabstimmung. Sie ist unerklärt, erstaunlich, wunderbar, aber kein Hinweis auf Gott. Denn ein allmächtiger Schöpfer könnte auch in einem nicht abgestimmten Universum Leben erschaffen, indem er lokal, zum Beispiel in einer Galaxie oder auf einem Planeten, den Parametern die günstigen Werte gäbe, unter denen Leben entstehen kann.

Die Feinabstimmung zeigt wieder, wie Gott nicht mit naturwissenschaftlichen Methoden nachweisbar ist, was schon die Physikotheologen im 18. Jahrhundert erfahren mussten. Was für die Feinabstimmung gilt, stimmt auch für die unvorstellbaren Vorgänge im Urknall, die fein gesponnene Kette von Prozessen zur Sternentstehung und die unwahrscheinliche Lebensfreundlichkeit der Erde.

So viel zum Nein, nun zum Ja: Feinabstimmung, Urknall, Sterne und Planeten haben eine Eigenschaft, die ich mit Ikonen vergleichen möchte. Ikonen (von griechisch eikōn, »Abbild«, im Gegensatz zu eidōlon, »Trugbild«) sind Kultbilder der Ostkirchen. Die Bilder stellen Heilige und Szenen aus der Bibel dar. Ikonen hängen an der Ikonostase, der Trennwand von Kirchenraum und Altarraum, aber auch in Gebetsecken von Wohnhäusern. Sie sind dort nicht nur künstlerischer Schmuck, sondern wollen eine innere Verbindung zwischen dem Betrachter und dem Dargestellten herstellen. Durch die Ikone aus Holz und Farbe wird das Dargestellte gegenwärtig, und die Betrachtenden fühlen sich davon angesprochen. Sie nehmen teil am Dargestellten. Die Ikone will eine existenzielle Verbindung zum Dargestellten vermitteln.

Gott ist nicht zu sehen in der Feinabstimmung, im Urknall oder im Entstehen von Sternen oder Leben. Aber diese erstaunlichen Vorgänge, wenn Neues entsteht, sind wie Ikonen. Sie können den Betrachter ansprechen. Wenn sie oder er es zulässt, können diese Prozesse für göttliche Macht und Güte transparent werden. Es gibt keine genuin heiligen Prozesse oder Gegenstände im Universum, die verschieden von säkularen Dingen wären. Wenn ein Stern entsteht, braucht es keinen heiligen Vorgang, aber es kann darin etwas Göttliches wahrgenommen werden. Dieses post-mythische sakrale Wahrnehmen[65] macht die Sternentstehung nicht zu etwas Besonderem. Sie bleibt eine Ikone, wie auch vieles andere zur Ikone werden und an den transzendenten Grund der Wirklichkeit erinnern kann.

Schöpfung im Jetzt

Es wäre zwar verständlich, aber zu kurz gedacht, wenn der Urknall als direktes Handeln Gottes interpretiert würde. Es wäre, wie wenn bei einer

Ikone die gemalte Maria mit der tatsächlichen Person verwechselt würde, die vor zweitausend Jahren gelebt hat. Um theologisch von Schöpfung zu sprechen, müssen wir weiter ausholen. Es gibt in der neueren Theologie eine Richtung, die unter Schöpfung das versteht, was im vorangehenden Kapitel als Vernunftsursprung bezeichnet wurde. Diese Theologie geht davon aus, dass Gott dem Universum ein Kreatives Prinzip eingepflanzt hat.[66] Es weist auf Gott, der Idee und Möglichkeit des wirklich Neuen schafft. Wie eine Entdeckung, die man nicht mehr rückgängig machen kann, vergeht dieses wirklich Neue nicht mehr. Es ist endgültig geschaffen. Hans Weder[67] hat darauf hingewiesen, dass Neues im Universum zu einem Bild für den theologische Begriff von Schöpfung werden kann. Mit anderen Worten: »Schöpfung ist, wie wenn ein neuer Stern, ein neuer Mensch oder das Universum entsteht«. Wenn Neues entsteht, bildet es den einen und einzigen Schöpfungsakt ab, der seit Milliarden Jahren andauert, gegenwärtig ist und auch in Zukunft weitergehen wird. Versteht man einen neuen Stern als Metapher für das Schöpferische in der Gegenwart, wird er zu mehr als einem Einzelereignis, denn die Metapher wirkt auch auf ihn, den Bildgeber, zurück. Der neue Stern wird ebenfalls als Teil der Schöpfung erkannt, und wird somit Teil eines übergeordneten Vorgangs. Das Verständnis einer fortdauernden Schöpfung (creatio continua) im Jetzt ist verschieden von den Vorstellungen einer Schöpfung in mythischer Vorzeit. Im Extrem des Deismus kommt Gott nur noch die Rolle eines Uhrmachers zu, der nach getanem Werk dem Ticken seiner Schöpfung zuschaut. Fortdauernde Schöpfung schließt den Gedanken ein, dass heute und auch in Zukunft noch genuin Neues entsteht. Dazu zählt auch Neues, das spontan entsteht und sich daher nicht nach einem Plan entwickeln kann. Der Begriff der Schöpfung im Jetzt ist nicht neu, wie das Johannes-Evangelium zeigt. Durch die Erkenntnisse der Naturwissenschaften, von der Astrophysik bis zur Biologie, werden allerdings die Vorstellungen einer creatio continua konkreter. Wer als Naturwissenschaftler aus diesem Grund eine Revolution der Theologie erwartet, wird enttäuscht werden. Grundsätzlich gilt weiterhin die These von Karl Barth, »dass die Naturwissenschaft keine Hilfestellungen«[22] leisten kann zum Verständnis von Schöpfung. Doch haben die Resultate der Naturwissenschaften ohne Zweifel Anteil daran, wie heute gesprochen werden muss, wenn von Schöpfung die Rede sein soll. Um verständlich zu sein, muss der Schöpfungsbegriff im Zusammenhang stehen mit dem Staunen und dem Erschrecken, wie die Gesetzmäßigkeiten im Leben und in der Welt hier und jetzt zusammenspielen.

Wenn von Gott im naturwissenschaftlichen Kontext die Rede ist, kann leicht der Eindruck entstehen, dass die beiden Wahrnehmungsebenen vermischt würden. Hier ist immer die Ebene der teilnehmenden Wahrnehmungen gemeint, wenn der Begriff »Gott« erscheint. Das gilt auch dann, wenn in theologischer Sprache von kosmischen Phänomenen wie Sternen oder Urknall gesprochen wird. Diese Erscheinungen werden normalerweise mit Naturwissenschaft assoziiert, müssen es aber nicht. Vom Universum und allen darin enthaltenen Gegenständen kann man in beiden Ebenen sprechen, von Gott nicht.

Hat das Universum einen Sinn?

Nach öffentlichen Vorträgen über Astrophysik wird ab und zu die sonderbare Frage gestellt: »Hat es den Urknall wirklich gegeben?« Die Frage verblüfft, denn das Urknall-Modell des Universums ist eine der erfolgreichsten Theorien in den Naturwissenschaften. Wohlgemerkt, es geht in der Frage nicht nur um den Anfang des Urknalls, den Nullpunkt der Zeit. Bezweifelt wird vielmehr das ganze Szenario der kosmischen Expansion aus einem dichten und heißen Medium bis hin zu den ersten Sternen. Der Urknall kann eine große Zahl von Beobachtungen erklären, wie die heutige Expansion des Universums, die Hintergrundstrahlung in Millimeterwellen, die Entwicklung der Galaxien und die Häufigkeit von Helium im Kosmos. Gewiss, jede Theorie kann sich als falsch erweisen, aber gute Theorien, die vieles auf einen Schlag erklären und sich ein halbes Jahrhundert lang bewähren, tun es selten. Technische Apparate werden gemäß vergleichbar guten Theorien entworfen und konstruiert. Mit ihrem Gebrauch akzeptieren wir jeden Tag fraglos Dutzende von physikalischen Theorien. Ich vermute, dass es den meisten Fragenden beim Urknall nicht um ein wissenschaftliches Problem geht, sondern um viel tiefere Grundfragen: Nimmt der Urknall dem Universum nicht den letzten Rest an geistiger Dimension? Würde das Universum mit dem physikalischen Erklären seiner Entstehung zu einem sinnlosen mechanischen Getriebe, das durch Zufall und Gesetzmäßigkeit unbeirrt seinen Lauf nimmt? Eigentlich wollen die Fragenden wissen, ob das Universum einen Sinn habe.

Das Wort »Sinn« hat viele Facetten. Wie es hier verwendet wird, stammt es aus der Wortgruppe von »senden«: ein Ziel geben oder haben. Zum Beispiel ist es der Sinn eines Briefes, eine Botschaft an den Adressaten zu übermitteln. In der Werkstatt eines tüchtigen Handwerkers hat jedes Werkzeug seinen Sinn: Es hat einen Platz und eine Bestimmung.[68] Der Sinn kann nicht in einem Objekt oder Vorgang selbst liegen, sondern entfaltet sich erst durch sein Einordnen in ein übergeordnetes Ganzes, in einen Beziehungszusammenhang.

Urknall oder Schöpfung: Was ist die Frage?

Auf den Gesichtern von Leuten, die nach der Wahrheit des Urknalls fragten und dann eine rein physikalische Antwort erhielten, habe ich auch Enttäuschung wahrgenommen. Der Anfang des Universums hat offensichtlich eine geistige Bedeutung im Leben der Fragenden. Es kann nicht Aufgabe der Physik sein, die Spiritualität aus dem Leben der Menschen zu verdrängen. Aus physikalischer Sicht ist das Entstehen von Neuem, selbst der Urknall, ein natürlicher Vorgang. Er unterscheidet sich prinzipiell nicht vom Entstehen eines Sternes. Zwar ist die nötige Physik bei sehr großen Energien bei weitem nicht genügend bekannt, um den Nullpunkt zu verstehen; beide, Urknall und Sternentstehung, werden wir wahrscheinlich nie vollständig erklären können. Es ändert aber nichts daran, dass Astrophysiker beides immer besser mit mathematischen Gesetzen beschreiben können.

Die Enttäuschung sollten Naturwissenschaftler ernst nehmen, weil sie der motivierenden Neugierde zur Forschung entgegenwirken. Es ist bestimmt nicht angemessen, provokativ zu behaupten, das Universum habe keinen Sinn. In den Naturwissenschaften kommt der Begriff »Sinn« überhaupt nicht vor, kann er doch mit keiner Messung bestimmt und in keine Gleichung gefasst werden. Die Frage nach dem Sinn können die Naturwissenschaften nicht beantworten, weder positiv noch negativ. Mit der Reduktion auf messbare Fakten, ihre Zufälle und kausalen Gesetze verschwand der Begriff aus der naturwissenschaftlichen Sprache. Das bedeutet aber nicht, dass es die Sache nicht gibt.

Ist denn physikalisch erklären gleichbedeutend mit sinnlos machen? Erfüllt eine Uhr ihren Zweck, wird ein Zahnrad dieser Uhr nicht sinnlos, wenn seine Funktion verstanden wird. Um in physikalischen Erklärungen Sinnlosigkeit zu vermuten, braucht es mehr als die Physik. Die Enttäuschten sehen vermutlich in der Urknall-Vorstellung ein mechanisches Räderwerk, das einen vollständig determinierten Ablauf beschreibt. Enttäuscht sind sie jedoch erst, wenn sie dann weitergehen und unbewusst die ganze Wirklichkeit auf mechanische Weise deuten. Sie vergessen dabei, dass die Wirklichkeit weit größer ist als der Messbereich der Naturwissenschaften. Erst in dieser Deutung der gesamten Wirklichkeit, über die physikalischen Fakten hinaus, wird die ganze Welt mechanisch und kann nicht mehr sinnvoll in etwas Umfassendes eingeordnet werden. Dem ist aber bereits auf der Ebene der Physik entgegenzuhalten, dass die Entwicklung des Universums nicht mechanisch, sondern zu einem guten Teil offen ist,

weil seine Zukunft heute noch nicht vollständig bestimmt ist. Es ist naheliegend anzunehmen, die Entwicklung sei bereits im Urknall offen gewesen. In der Frage nach dem Urknall zeigt sich, wie wichtig es ist, zu unterscheiden zwischen kausalem Erklären einzelner Vorgänge und metaphorischer Deutung der Welt als Uhrwerk.
Urknall und Schöpfung sind keine Alternativen, sondern Antworten auf verschiedene Fragen. Wer nach dem fragt, was die physikalische Methode zu den Entwicklungen im frühen Universums hergibt, kommt zu den Theorien des Urknalls. Wer mit Schöpfung antwortet, bezieht sich auf die Frage nach dem Sinn des Lebens und dem Sinnzusammenhang des Ganzen. Die verschiedenen Antworten, die nun in den folgenden Abschnitten vorgestellt werden, stammen aus den unterschiedlichen Umfeldern.

Eine Theorie von Allem

Es gibt ein Unternehmen in der Physik, das dem Universum und damit auch der menschlichen Existenz einen vollständig mechanischen Ablauf zu unterlegen scheint: die »Weltformel« oder »Theorie von Allem« (Theory of Everything). So heißt die vereinheitlichte Theorie aller physikalischen Kräfte. Ihr Name scheint nach der gesamten Wirklichkeit zu greifen. Ein erster Erfolg war James Clerk Maxwell beschieden, der die elektromagnetische Theorie entwickelte. Sie brachte die beiden bis dahin als getrennt angesehenen Phänomene der elektrischen und magnetischen Kraft unter einen Hut. Seither ist es ein wichtiges Projekt der theoretischen Physik, auch die anderen Kräfte mit einer immer umfassenderen Theorie zu vereinigen. Mit der schwachen Wechselwirkung (einer Kraft in Atomkernen) und der elektromagnetischen Kraft ist dies bereits gelungen. Die Große Vereinheitlichte Theorie, die auch die starke Wechselwirkung im Atomkern einbeziehen würde, steht noch aus. Die heutigen theoretischen Ansätze lassen erwarten, dass sich bei sehr hohen Energien die drei Kräfte als gleich groß und Aspekte einer einzigen Kraft erweisen werden. Aus den bisherigen Theorie-Entwürfen würde folgen, dass die Protonen, die Grundbausteine aller Atomkerne, nicht stabil sind und zerfallen werden. Der experimentelle Nachweis steht noch aus. Die Suche nach dem Protonenzerfall ist einer der wenigen Tests der Großen Vereinheitlichten Theorie ohne einen Aufwand, der die Möglichkeiten der irdischen Laboratorien übersteigt. Die Elementarteilchen, die man beobachten müsste, um die Theorie direkt zu prüfen, haben derart große Energie, wie sie nur in Vorgängen im Universum vorkommt.

Zur Vollständigkeit müsste schließlich auch noch die Gravitation mit den andern Kräften vereint werden. Eine solche Theorie wird als Theorie von Allem bezeichnet. Dafür gibt es in neuerer Zeit mindestens vier total verschiedene Kandidaten, die alle noch recht hypothetisch sind. Eine Theorie, die alle Kräfte vereint, wäre nötig, um den ersten Sekundenbruchteil des Universums zu verstehen. Die Allgemeine Relativitätstheorie der Gravitation kann jene Verhältnisse nicht mehr beschreiben, weil die Schwerkraft so stark war, dass sie den Raum auf kleinsten Skalen krümmte. Die Raumkrümmung wirkt dann auch auf die anderen Kräfte und umgekehrt. Daher können die ersten Augenblicke des Universums nicht ohne vollständige Vereinigung aller Kräfte verstanden werden.

Falsch an der Weltformel und der Theorie von Allem ist sicher der Name. Obwohl anfänglich nur witzig gemeint[69] und das »Alles« nur für die vier physikalischen Kräfte steht, versprechen diese Namen zu viel. Auch wenn die Vereinheitlichung glücken würde, gäbe es nur schon in der Physik noch unendlich viel zu erforschen. Mit einfachsten Grundgleichungen wäre die immense Zahl von Manifestationen der Wirklichkeit nicht erklärt, wie sich gemäß diesen Gleichungen aus elementaren Teilchen zum Beispiel Galaxien, Sterne, Planeten, menschliche Gehirne bis hin zu Kunstwerken bildeten. Die Theorie von Allem wäre, falls sie je gefunden wird, nur eine Theorie für den teilchenphysikalischen Aspekt von Allem. Der Name ist nicht nur falsch, er wirkt auch anmaßend. Er wird leicht als Anspruch auf Letztbegründung der Wirklichkeit durch die Physik der Elementarteilchen verstanden. Wir treffen damit wieder auf die Situation, dass bewusst oder unbewusst das naturwissenschaftlich Erfassbare, insbesondere das physikalisch Messbare als Schlüssel zur gesamten Wirklichkeit vorausgesetzt wird. Das ist eine unbewiesene, wahrscheinlich unbeweisbare und vielleicht falsche Vermutung.

Freilich ist der Wunsch nach Vereinheitlichung ein allgemeines Anliegen der Physik. Es ist die wichtigste Aufgabe von Theorien, eine Vielzahl von Messungen mit einer einzigen Gleichung zu beschreiben. Je mehr verschiedenartige Phänomene eine Theorie erklären kann, desto mächtiger ist sie. Ein bekanntes Beispiel ist Newtons Theorie der Gravitation, die sowohl erklären kann, warum ein Apfel vom Baum fällt, wie auch den Grund liefert, warum die Erde um die Sonne kreist. Die Vereinheitlichung kann jedoch nur jenen Teil der Wirklichkeit betreffen, den die Physik misst und beobachtet. Die Physik muss sich dieser Grenze bewusst blei-

ben. Die Ergänzung zur Gärtnerparabel (s. S. 62) und Pascals Gottesvision (s. S. 95) illustrieren, wie die Wirklichkeit über den Bereich der Physik hinausgeht. Das gilt erst recht für die Elementarteilchenphysik.
Bei der Entstehung von Sternen kann nicht von einer Weltformel die Rede sein. Es ist ein chaotisches Werden, das im Durcheinander einer Molekülwolke an Orten stattfindet, die nicht vorauszusehen sind. Zum Schluss sind zwar Sterne und Planeten da, aber es sind lauter Individuen. Gesetzmäßigkeit und Zufall sind untrennbar vermischt. Das Universum ist weder Maschine noch Computer. Das Bild eines mechanischen Getriebes passt nicht. Aus einer teilnehmenden Perspektive von Kontingenz zu sprechen (einer möglichen, aber nicht notwendigen Entwicklung), ist durchaus angemessen.

Ist das Universum ein Ganzes?

Die Naturwissenschaften, und insbesondere die Physik, reduzieren die Vorgänge im Universum auf einzelne Teilprozesse, die dann mathematisiert werden können. Dabei geht der Blick auf das Ganze je länger je mehr verloren. Das Einzelteil, wie das besagte Zahnrad einer Uhr, kann nur Sinn im Ganzen haben. Beim Universum stellt sich allerdings die Frage, inwieweit überhaupt von einem Ganzen zu sprechen ist. Die im vorangehenden Abschnitt diskutierten einfachen Grundgleichungen weisen bereits auf eine universelle Einheitlichkeit hin.
Vierhundert Jahre nach Galileo Galilei haben wir uns das Staunen darüber schon fast abgewöhnt, dass die Natur überhaupt mathematischen Gesetzmäßigkeiten folgt. Eugene P. Wigner bezeichnet es »the unreasonable effectiveness of mathematics in the natural sciences«[70]. Es ist erstaunlich, dass die Physik des Universums auf wenigen, überall gültigen Grundgleichungen beruht. Sie sind so einfach, dass Studierende sie in vier Jahren lernen können, und liefern gute physikalische Erklärungen auch für die entferntesten Galaxien. Obwohl intensiv danach gesucht wird, gibt es keinerlei Anzeichen, dass in gewissen Gebieten des Universums andere Gesetze gelten als jene, wie sie in irdischen Labors gefunden werden.
Bei den Konstanten der Physik gilt Ähnliches: Eine dieser Konstanten mit dem Wert 0,0072973525 beschreibt, wie sich die Spektrallinien des Wasserstoffatoms in feine Strukturen aufspalten. Die Feinstrukturkonstante hat keine Dimension, wie Meter oder Sekunden, und ist eine reine Zahl. Falls extraterrestrische Zivilisationen mit anderen Maßsystemen diese

Zahl messen würden, kämen sie auf den gleichen Wert. Er vereinigt mehrere Elementarkonstanten, da er ein Produkt von Lichtgeschwindigkeit, Elektronenmasse und Planckscher Konstante ist. Verändert sich eine dieser Konstanten, dann verändert sich auch die Feinstrukturkonstante. Sie lässt sich gut messen und spielt hier aus historischen Gründen die Hauptrolle. Im Moment wird darüber debattiert, ob sich die Feinstrukturkonstante in den vergangenen 2 Milliarden Jahren wirklich, wie eine amerikanische Forschergruppe behauptet, um ein halbes Milliardstel verändert habe. Die Konstante kann auch in entfernten Galaxien gemessen werden. Dort ist sie seit zehn Milliarden Jahren auf mindestens ein Millionstel genau gleich geblieben.[71] Weil sie verschiedene wichtige Konstanten kombiniert, würden viele physikalische Vorgänge äußerst empfindlich auf eine Veränderung reagieren.

Gleichungen und Konstanten bezeugen eine innere Einheit des Universums. Diese Einheit deutet auf einen inneren Zusammenhang hin, nicht auf einen direkt ersichtlichen Plan. Das Universum besteht im Grunde aus Gleichartigem. Auch wir sind ein Teil dieses überraschend einheitlichen Ganzen. Die Elementarteilchen in unserem Körper befolgen die kosmosweiten Gesetze und Konstanten. Wir sind in die Einheit des Universums eingebunden.

Spukhafte Fernwirkungen

Die Einheit des Universums könnte noch weitergehen infolge der Quantenverschränkung. Sie ist wohl die verrückteste Eigenschaft der Quantentheorie. Albert Einstein und zwei Kollegen haben 1935 auf eine »spukhafte Fernwirkung« hingewiesen, um zu zeigen, wie unsinnig die Quantentheorie sei. Diese beschreibt mit einer Wellengleichung das wahrscheinliche Verhalten eines Teilchens. In der üblichen Kopenhagener Deutung wird das Teilchen erst manifest, wenn man es beobachtet. Vor der Messung ist nicht genau bestimmt, wo es ist und wie es sich bewegt. Ort und Geschwindigkeit sind unscharf gemäß der Relation von Werner Heisenberg. Welcher Wert gemessen wird, ist daher in einem gewissen Rahmen zufällig. Ort und Geschwindigkeit sind zudem komplementär: Entweder misst man den Ort genau und verliert alle Information über die Geschwindigkeit, oder umgekehrt.

Die Verschränkung begrenzt die methodische Reduktion. Wenn zwei Teilchen einander begegnen und eine Kraft zwischen ihnen wirkt, beschreibt sie die Quantenmechanik als ein Gesamtsystem. Dasselbe, wenn ein Teilchen in zwei kleinere Teilchen zerfällt: Das ursprüngliche Teilchen ist ein quantenmechanisches System, und bleibt ein einziges System auch nach dem Zerfall. Misst man nun den Ort des einen Tochterteilchens, wird seine Geschwindigkeit beliebig unscharf. Desgleichen gilt nun auch für Ort und Geschwindigkeit des anderen Tochterteilchens, denn die beiden Teilchen bilden ein verschränktes Ganzes, das sich über die räumliche Trennung erstreckt. Misst man etwas an dieser Einheit, wirkt dies unmittelbar auf das räumlich verteilte Ganze ohne Einschränkung durch die Lichtgeschwindigkeit. Die Teilchen sind keine völlig getrennten Individuen. Die Quantenverschränkung hält an, auch wenn die Teilchen über viele Kilometer voneinander getrennt sind.

Wirkt die quantenmechanische Verschränkung auch im Universum? Sie gilt im Prinzip auch für Systeme mit mehr als zwei Teilchen. In Salzkristallen mit vielen Atomen wurde ihre Wirkung nachgewiesen, und in Supraleitern wird sie vermutet. Bestimmt sind virtuelle Teilchenpaare, wie Elektron und Positron, die im Vakuum spontan entstehen und wieder vergehen, verschränkt. Auch jedes Photon, wie Lichtteilchen genannt werden, entsteht in quantenmechanischen Vorgängen. Das Licht von fernen Sternen besteht, wenn man es mit entsprechenden Detektoren misst, aus einer großen Zahl solcher Teilchen. Jedes Photon, das von einem Atom in einer Sternatmosphäre ausgeht, bleibt mit dem Atom verschränkt, sofern es nicht durch weitere Interaktionen auf dem Weg zu uns seine Vergangenheit vergisst. Wenn dann das Licht eines Sterns im Auge auf unsere Netzhaut fällt, bewirkt dies zur gleichen Zeit eine Veränderung im Atom der Sternatmosphäre, wo das Photon entstand.

Die Quantenverschränkung öffnet nicht die Schleusen für einen kosmischen Holismus, der postuliert, dass alles mit allem kommuniziert und diese wechselseitigen Beziehungen die universale Wirklichkeit verursachen. Wahrscheinlich sind die Effekte meistens schwach und haben wenig Wirkung auf der Stufe der Himmelskörper. Was passiert, wenn viele Teilchen quantenmechanisch verschränkt sind, wird noch nicht gut verstanden. Die quantenmechanische Verschränkung ist eine dunkle Unbekannte im Universum. Sie erinnert mich daran, dass das menschliche Wissen eine Insel im Meer des Nichtwissens ist.

Der Mensch als Ziel?

Es gibt Versuche, dem Universum Sinn zuzuschreiben, indem ein physikalisches Ziel angenommen wird. Als Beispiel für einen solchen Versuch soll in diesem Unterkapitel das Anthropische Prinzip vorgestellt werden, das in seiner starken Version die Entstehung von Menschen als zwingenden Endpunkt postuliert.

In den 1970er Jahren fragten sich einige Astrophysiker, warum gewisse Konstanten im Universum genau den richtigen Wert haben, sodass unser Universum Leben hervorbringen konnte. Wäre die Feinstrukturkonstante zum Beispiel um 4 Prozent verschieden, würde kein Kohlenstoff im Innern von Sternen produziert. Das ganze Universum wäre grundverschieden und wir wären nicht hier. Warum hat sie genau ihren Wert? Eine Konstante ohne Erklärung ist höchst unbefriedigend für einen Physiker. Es ist, wie wenn der Chef einem Untergebenen den Lohn ohne jede Begründung mitteilen würde: »Dies ist Ihre Zahl, Schluss Punkt!« In der Standardtheorie der Elementarteilchen gibt es 19 nicht herleitbare Konstanten, die gemessen werden müssen. Wie kam es zur genau richtigen Feinabstimmung des Universums?

Brandon Carter hat 1974 mit dem *schwachen* Anthropischen Prinzip gezeigt, dass es in diesem Fall nicht notwendigerweise eine kausale Erklärung braucht: »Was wir beim Beobachten erwarten können, ist eingeschränkt durch die Bedingungen, die für unsere Existenz als Beobachter nötig sind.«[72] Mit anderen Worten, die Menschheit ist ein Teil der Entwicklung des Universums, die gemäß Gesetzen und Konstanten erfolgt. Wären diese nicht so, wie sie sind, gäbe es auch die Menschen nicht. Wir können nicht erwarten, etwas zu beobachten, was unserer eigenen Existenz widerspricht. Wäre die Feinstrukturkonstante anders, wären wir nicht hier und könnten sie nicht messen.

Es gibt vom Anthropischen Prinzip nun aber eine *stärkere* Version, die besagt, dass das Universum so beschaffen ist, dass es zwingend Menschen geben müsse. Der Mensch sei eine kosmische Notwendigkeit, und das Ziel des Kosmos sei, Menschen hervorzubringen.[73] Das Universum wäre wie eine Fabrik, um bestimmte Produkte, darunter die Menschheit, herzustellen. Dieses Prinzip scheint mir eine anthropozentrische Übertreibung zu sein. Es missachtet auch die Zufälligkeiten der biologischen Evolution und das Übermaß der kosmischen Entwicklung im Verhältnis zum Menschen. Aus der Feinabstimmung lässt sich kein unabwendbares Ziel beweisen und daher kein Sinn herleiten. Wie erwähnt, kann sie jedoch, wenn wir es zulassen, wie eine Ikone auf einen Sinn hinweisen.

Die Frage nach dem Sinn

Wer staunend in den Nachthimmel blickt, fragt irgendwann auch nach dem Warum und dem Sinn der Welt. Die Frage wird dringlich, wenn sie weitergeht und auf den Sinn des eigenen Daseins zielt. Dann kann die unterschwellige Frage nach dem Sinn des Universums vehemente Diskussionen auslösen, über Evolution, Urknall und Intelligent Design.

Sinn im menschlichen Dasein erfahren wir ebenfalls im Bezug auf das größere Umfeld. In der Frage nach dem Sinn versucht sich ein Individuum in etwas Größeres einzuordnen. Es ist eine typisch neuzeitliche Frage, die erst mit der zunehmenden Eigenständigkeit des Individuums virulent wurde. Drei Arten von existenzieller Sinnerfahrung sollen herausgegriffen werden. Menschen finden den Sinn zum Beispiel in ihrer Arbeit, mit welcher sie ihr Leben und jenes der Gemeinschaft bereichern, oder in der Pflichterfüllung, durch die sie das Vertrauen der Gemeinschaft gewinnen, in der Begegnung mit anderen, oder durch soziales Engagement. In diesen Fällen nehmen Menschen Sinn in der eigenen Aktivität wahr, die auf ein Ziel gerichtet ist. Sinn kann zweitens auch als Geschenk erfahren werden, sei es in der Liebe von Mitmenschen oder von Gott. Liebe macht Leben sinnvoll, indem es in den größeren Zusammenhang des Schenkens und Beschenktwerdens hineingestellt wird. Drittens kann Sinn auch in einem Lebensplan gefunden werden. Menschen, die für ihren Lebenslauf von einer göttlichen Bestimmung ausgehen oder sie erkennen, können ihre Biographie in einen größeren Zusammenhang setzen.

Es gibt enge Beziehungen zwischen dem Sinn des eigenen Daseins und dem Sinn des Universums. Das Mittelalter betrachtete die Welt als Schauplatz des menschlichen Lebens. Der Mensch war das Ziel der Schöpfung, und der Sinn des Universums war, dem Menschen eine Bühne zu sein. Damit hatte das Universum eine Bedeutung. Heute ist diese Bühne, auf der sich Menschen tummeln, sehr klein geworden im Verhältnis zur Größe des Universums, und diese Sinngebung wirkt peinlich anthropozentrisch. Die mittelalterliche Begründung des Universums hat gewissen Ähnlichkeiten mit den modernen Hypothesen des starken Anthropischen Prinzips und des Intelligent Designs. Sie unterlegen dem Universum den Plan zur Entstehung von Lebewesen und damit einen Sinn.[74] Der Plan

übernimmt die Rolle der Bühne. Wie bereits erwähnt, passt dieser Plan weder in eigentlicher noch in metaphorischer Bedeutung zur beobachteten Art, wie sich das Universum entwickelt.
Die Deutung als Schöpfung gibt sowohl dem Universum wie auch der eigenen Existenz eine Letztbegründung im Willen des Schöpfers und damit Sinn. Um die kosmische Entwicklung als Schöpfung zu deuten, braucht man nicht von einem Plan auszugehen. Im Gegenteil, wenn Schöpfung als freier Wille Gottes noch heute geschehen soll, kann es keinen Plan geben. Es ist wichtig anzumerken, dass es um mehr als gedankliche Konstruktionen geht. Wie im vorangehenden Kapitel dargestellt, erscheint die Natur nur dann als Schöpfung, wenn sie als Geschenk wahrgenommen wird, das letztlich das ganze Universum in der Vergangenheit wie in der Zukunft einschließt. Hier steht die Schöpfungsvorstellung auch für ein existenzielles Vertrauen oder eine »Zuversicht auf das, was man hofft«[75]. Wirklich wird die Letztbegründung nur durch die Wechselwirkung zwischen diesem Vertrauen und entsprechenden Erfahrungen.
Noch ein Weiteres: In der Gegenwart kann Sinn emotional erlebt werden als sich in etwas Größerem eingeordnet fühlen. Ferner kann Sinn in der Vergangenheit sowohl biographisch wie kosmologisch nachvollzogen werden. Doch lebt das Empfinden von Sinn vor allem in der Erwartung der Zukunft. Sinnvoll ist, was Zukunft hat. Gemäß christlicher Theologie ist sinnvoll, was sich in die Heilsgeschichte einordnet. In dieser Tradition strebt die fortdauernde Schöpfung nach Erlösung und Vollendung.[76] Damit erhält die Zeit großes Gewicht und ein Ziel. Die Zeit geht nicht im Kreis, sie strebt nach Neuem. Alles Neue im Universum weist auf dieses Ziel und wird damit sinnvoll. Die Menschheit ist in dieser Sicht nicht notwendigerweise das Ziel. Sie ist ein Teil der kosmischen Entwicklung, und wer daran teilnimmt, kann Sinn im eigenen Leben entdecken.

Raum und Zeit

Wenn wir mit den heutigen Vorstellungen vom Universum den Sternenhimmel wahrnehmen, werden wir unweigerlich an die Kleinheit des Menschen erinnert. Und darüber hinaus: Unsere Lebensgrundlagen sind nur in einem winzigen Teil des Universums vorhanden. Die zeitlichen Begrenzungen des Lebens, der Menschheit und des Sonnensystems sind nicht minder beengend. Was bedeutet es, in diesem Universum zu Hause zu sein und über Zeit zu verfügen?

Die erschreckende Größe des Universums

In den Disputen zwischen geozentrischem und heliozentrischem Weltbild im 16. und frühen 17. Jahrhundert ging es nicht nur um das Zentrum der Welt. Auch die Größe und der Sinn des Universums waren Themen. Im damaligen Weltbild bildete die Sphäre der Fixsterne den Rand des Universums. Sie wurde als eine Kugelschale etwas außerhalb der Bahn des Saturns vorgestellt. Die Astronomen mutmaßten demnach das Ende der Welt in etwa zehn- bis zwanzigtausend Erdradien Entfernung. Weil die Distanz zur Sonne eine Zehnerpotenz zu klein geschätzt wurde, hätte das damalige Universum bequem in die heute bekannte Entfernung von Erde und Sonne hineingepasst. Eine kleine Welt!

Einige Astronomen – nicht zuletzt Tycho Brahe (1546–1601), der bedeutendste astronomische Beobachter seiner Zeit – sprachen sich gegen das heliozentrische Weltsystem aus. Es gab mehrere Gründe, auch einen rein astronomischen: Wenn die Erde um die Sonne kreiste, müssten wir die Sterne, falls sie nicht unendlich weit entfernt sind, unter einem leicht variablen Winkel sehen. Die scheinbare Position eines Sternes müsste im Laufe des Jahres eine kleine Ellipse am Himmel ziehen. Dieser Effekt, die sogenannte jährliche Parallaxe, wurde mit den damaligen Instrumenten nicht beobachtet. Entweder kreist die Erde nicht um die Sonne, oder die Sterne müssten mehr als 700 mal weiter entfernt sein als Saturn. Das letztere war für Brahe ein abgründiger Gedanke. Wie konnte Gott die Welt so groß gemacht haben, wo doch nur ein winziger Teil davon gebraucht

Abbildung 17: *Der Galaxienhaufen Abell 2218 wirkt wie eine Linse und vergrößert Galaxien, die dahinter liegen. Die abgebildeten weit entfernten Galaxien sind jedoch stark verzerrt. Je mehr das Licht gegen rot verschoben ist, desto weiter entfernt ist eine Galaxie. Die am weitesten entfernte je beobachtete Galaxie wurde in den zwei eingerahmten Gebieten ausgemacht. Sie ist 13,0 Milliarden Lichtjahre entfernt und die bisher fernste Galaxie. Das Licht, das wir heute von ihr beobachten, strahlte sie 700 Millionen Jahre nach dem Urknall ab, kurz nach der Epoche der ersten Riesensterne (Foto: J.-P. Kneib, R. Ellis u. a., ESA, NASA).*

wird? Welchen Sinn hätte dieser riesige Raum? Blaise Pascal, für den das heliozentrische Weltbild bereits feststand, formulierte um 1660: »Das ewige Schweigen dieser unendlichen Räume macht mich schaudern.«[77] Das wachsende Wissen war nicht mehr ein Zuwachs menschlicher Größe. Es wurde zum Hinweis auf seine Kleinheit und zur Frage nach dem Sinn. Als 1838 Friedrich Wilhelm Bessel die erste stellare Parallaxe messen konnte, vergrößerte sich die Distanz zu den nächsten Sternen nochmals um einen Faktor 1000. In Wirklichkeit ist der nächste Stern, Proxima Centauri, rund sechs Milliarden Erdradien entfernt. Wäre die Erde so groß wie ein Stecknadelkopf, läge der nächste Stern, so groß wie eine Kirsche, in 4000 km Entfernung. Mit der Distanzvermessung zur nächsten Galaxie, der Andromeda Galaxie, machte die nachweisbare Größe des Universums in den 1920er Jahren einen weiteren Sprung um einen Faktor von einer Million. Der Ort, wo die 1965 entdeckte kosmische Hintergrundstrahlung der Mikrowellen entstand, liegt nochmals einen Faktor 10 000 weiter entfernt. Das beobachtbare Universum ist hundert Billiarden (10^{17}) mal größer, als es Tycho Brahe vor vierhundert Jahren modellierte. Zum Kleinen hin öffnet sich eine ähnliche Kluft: Die kleinsten Bestandteile des Atomkerns, deren Größe noch meßbar ist, die Neutronen, sind kleiner im Verhältnis zum Erdradius als dieser zum Universum. Der Raum zwischen den Atomkernen scheint ebenso leer zu sein wie der Weltraum zwischen den Sternen. Die beiden Horizonte des kosmisch Großen und nuklear Kleinen sind heute weit jenseits unserer Alltagswelt. Der nahe Horizont gibt den Bewohnern von Berggebieten das Gefühl von Enge, aber auch von Geborgenheit. Umgeben von unfassbar weiten Horizonten kann man sich verloren fühlen. In kosmischen Dimensionen befinden wir uns mitten auf einer unvorstellbar großen Ebene ohne sinnlich fassbare Grenzen.

Wir wissen heute jedoch, dass der Weltraum weder leer noch ruhig ist. Selbst zwischen den Galaxien gibt es ein Wasserstoffatom oder Proton auf ungefähr zehn Kubikmeter. Hinzu kommt eine große Zahl von Neutrinos. Sie sind sehr leichte Elementarteilchen, die schon seit dem Urknall fast ohne Wechselwirkungen im Universum ihre Bahnen ziehen und durch Supernovae vermehrt wurden. Neutrinos aus dem frühen Universum wurden noch nicht nachgewiesen, aber man schätzt ihre Zahl auf mehrere hundert pro Kubikzentimeter. Eine noch größere Zahl von Teilchen der unbekannten Dunklen Materie kann in diesem Volumen nur vermutet werden. Sie sind noch nicht entdeckt, machen sich aber durch ihre Masse bemerkbar, die total das fünffache der gewöhnlichen Materie im Universum ausmacht.

Wirklich leere Räume gibt es in der Physik nicht. Selbst ein Vakuum ist nicht ein Nichts ohne jede Eigenschaft, denn in jedem Raum gelten die physikalischen Gesetze. Mehr überrascht, dass die Energie im Vakuum nicht null ist. Es macht den Anschein, dass ihr Wert im Universum jenen der Materie um einen Faktor drei übertrifft und das Universum noch heute zum beschleunigten Expandieren bringt. Das Vakuum ist voller Energie. Ihr Wert ist nicht scharf, sondern schwankt nach den Gesetzen der Quantenmechanik. Schwankungen bedeuten, dass lokal Elementarteilchen entstehen und wieder vergehen. Man nennt sie virtuelle Teilchen. Es sind immer zwei, weil sich ihre elektrische Ladung und andere Quantenzahlen zu null ergänzen müssen. Sie treten auf wie Schaumkronen auf Wellen im Meer und verschwinden, ohne Spuren zu hinterlassen. Der Raum jenseits von Saturn ist nicht leer, wie es sich Brahe vorstellte. Teilchen und Wellen, Energie und physikalische Gesetze füllen den Raum mit ihrer kreativen Dynamik, die ein Teil des Ganzen ist.

Empirie der Zeit

Auch in der Zeit hat sich der Horizont verschoben. Galt für Newton und seine Zeitgenossen noch ein Weltalter von 6000 Jahren, liegt heute der Zeithorizont im Urknall zwei Millionen mal weiter zurück. Mehr noch als das simple Alter des Kosmos haben sich die Vorstellungen über die Zeit geändert. Immanuel Kant sah in ihr vor allem eine apriorische Anschauungsform, ohne die wir die Wirklichkeit nicht wahrnehmen können. Aber die Zeit ist mehr als eine Struktur unserer Sinne zur Datenverarbeitung. Die Physik hat in ihr im vergangenen Jahrhundert einige überraschende empirische Merkmale gefunden. So ist etwa gemäß der Relativitätstheorie die Zeit abhängig vom Bezugsystem. Sie verläuft langsamer für einen Beobachter, der sich relativ zu uns bewegt. Auch ein starkes Gravitationsfeld verändert den Zeitverlauf. In einem Haus geht die Zeit im obersten Stock minim schneller als im Erdgeschoss. Die Zeit kann also von Menschen in einem gewissen Maß manipuliert werden.

In der ersten Hälfte des 20. Jahrhunderts herrschte in der Physik die Meinung vor, die Zeit sei im Grunde umkehrbar. Diese für Nichtphysiker vielleicht weltfremde Ansicht stammt von der erstaunlichen Eigenschaft aller Grundgleichungen der Physik, zeitlich reversibel zu sein. Das bedeutet, dass die Zeit eine negative Richtung annehmen und rückwärts laufen könnte, ohne dass sich ein physikalischer oder mathematischer Widerspruch ergäbe. Der offensichtliche Verlauf der Zeit in der lebensweltlichen Wirklichkeit wäre dann nur scheinbar. Die Richtung des Zeitpfeils ergäbe sich aus gewissen Vorgängen, die wahrscheinlicher in die eine Richtung ablaufen als in die andere. So kann zum Beispiel ein Baum umfallen. Es ist aber noch nie passiert, dass sich ein gefallener Baum wieder aufgerichtet hat. Weil die Energie des Falls erhalten bleibt und in den Atomen des Baums und dem Boden noch vorhanden ist, wäre dies nach den Grundgleichungen möglich. Der wahrscheinlichere Weg ist jener, bei dem die Entropie zunimmt, wie dies der zweite Hauptsatz der Thermodynamik ausdrückt, und die Energie sich in ungeordnete atomare Bewegungen verliert und die Umwelt erwärmt. Bestimmt nur die Wahrscheinlichkeit den Lauf der Zeit?

In den 1970er Jahren haben Ilya Prigogine[78] und andere die Irreversibilität der Zeit betont und sie als eine fundamentale Eigenschaft behauptet, entgegen der scheinbaren Reversibilität in den physikalischen Grundgleichungen. Als Begründung wurde unter anderem die für die Physik grundlegende Quantenmechanik angeführt, gemäß der die Zeit durch den Beobachtungsvorgang irreversibel wird. Die Wirklichkeit entsteht im Beobachtungsakt. Der Übergang von Nichtwissen zu Wissen ist irreversibel. Man könnte daher sagen, die Quantenwelt, und damit auch das ganze Universum, werde nur durch irreversible Vorgänge wirklich.

Noch verblüffender: Die Zeit ist nicht grenzenlos. Sie hatte anscheinend im Urknall einen Anfang. Das ist seit 80 Jahren konsistent mit allen Beobachtungen des weit entfernten Universums. Mit dem Trick einer imaginären Zeitkomponente[79] zusätzlich zur realen Zeit kann zwar der zeitliche Anfang mathematisch umgangen werden. Der zeitliche Anfang wäre wie der Nordpol, über den hinaus man nicht weiter nach Norden gehen kann. Es gibt keinen nördlicheren Punkt. Es bleibt aber dabei: Raum und Zeit sind nicht ewig, sondern im Urknall zur Welt gekommen.

Heute hat sich der Blickwinkel wieder etwas verschoben von jenem der 1970er Jahre. In einem Universum mit Anfang und in dem alles entsteht und wieder zerfällt, ist die Zeit kein endloses Kontinuum und keine Selbstverständlichkeit. Alles hat seine Zeit. Nicht nur unsere eigene Lebenszeit ist beschränkt, auch unsere Spezies, der *Homo sapiens*, könnte durchaus einmal aussterben. Sonne, Erde, Sterne, Galaxien und vielleicht das ganze Universum werden zerfallen. In der Empirie der Zeit dürfen wir das Entstehen und Zerfallen nicht ausblenden. Zeit ohne Anfang und Ende gibt es nicht.

Der Ursprung der Zeit

Es gibt kein Naturgesetz über das Entstehen oder das Vorhandensein von Zeit. Ohne die Zeit gäbe es keine kosmische Entwicklung und daher auch kein Universum. Zeit ist nicht nur eine apriorische Anschauungsform der menschlichen Wahrnehmung, denn ohne Zeit wären wir nicht hier und hätten keine Wahrnehmungen. Zeit ist eine apriorische Eigenschaft des Universums. Darüber können die Naturwissenschaften nichts weiteres aussagen.

Ist jede Sekunde eine Schöpfung aus dem Nichts? Mit dieser Frage überschreiten wir den Rahmen der Naturwissenschaften. Die Naturwissenschaften suchen nach der Ursache, die durch Gesetzmäßigkeit oder Zufall den beobachteten Erscheinungen zugrunde liegen. Die Abfolge von Ursache und Wirkung verlangt nach einem Vorher und einem Nachher. Auch der Zufall beim Fallen eines Würfels, zum Beispiel, ereignet sich in der Zeit und ist ohne Zeit nicht denkbar. Erklärungen mit Kausalität und Zufall nehmen eine kontinuierlich fließende Zeit an. Das Vorhandensein von Zeit wird in den Naturwissenschaften vorausgesetzt, und über die Voraussetzungen einer Wissenschaft kann man im Rahmen dieser Wissenschaft nicht diskutieren.

Außerhalb dieses Rahmens und angesichts ihrer kreativen und zerstörerischen Potenz können wir uns trotzdem fragen, ob uns im Entstehen von Zeit die göttliche Schaffenskraft entgegentritt. Es steht nichts im Weg, jede Sekunde als eine Neuschöpfung zu deuten. Es wäre falsch, dies nur deswegen zu tun, weil das Woher der Zeit außerhalb des Rahmens der Naturwissenschaften liegt. Zur Erinnerung: Ein großer Teil unserer Lebenswirklichkeit (Liebe, Freude, Trauer usw.) liegt außerhalb dieses Rahmens. Der Mangel an kausaler Erklärung ist kein eindeutiger Hinweis auf Gott. Selbst der Anfang der Zeit im Urknall zwingt nicht dazu, den Begriff Schöpfung zu verwenden. Dass etwas entsteht und nicht nichts, ist kein zwingender Hinweis auf eine übernatürliche Kraft. Die Naturwissenschaften bezeichnen dies als Normalzustand, der nicht erklärt werden muss.

Woran erkennt man Schöpfung? Gewiss nicht an einem Plan! Die Sterne sind nicht »designed« und sie entstehen doch. Sie werden aus einem Chaos von Turbulenz, durch ein Wirrwarr von Vorgängen geboren. Ihre Entstehung ist nicht voraussagbar und doch findet jeder Stern sein Gleichgewicht, in dem er gleich wie alle anderen Wasserstoff verbrennt. Hans Weder bemerkt, dass wir dann Schöpfung begegnen, wenn wir *staunend* feststellen, dass uns etwas gegeben ist, das wir nicht selbst bewirken können und doch notwendig ist für unsere Existenz.[80] In dieser Erfahrung von Schöpfung wird bewusst, dass wir uns letztlich nicht selbst versorgen können und uns deswegen nicht zu ängstigen brauchen. Das Staunen ist eine notwendige Bedingung. Es impliziert, dass Schöpfungserfahrung nicht objektiv sein kann. Die oder der Erfahrende ist nicht beliebig austauschbar. Es gehört eine sich ihrer selbst bewusste Person zu dieser Art der Wahrnehmung, die teilnimmt und im Staunen mitschwingt. Mehr noch, dieser Mensch muss die teilnehmende Wahrnehmung wollen. So kann er zum Beispiel achtlos an der Frage nach der Zeit vorbeigehen, ohne sie als Schöpfung zu erkennen.

Die Menschheitsgeschichte umfasst nur einen winzigen Teil der Zeit, die vor 13,8 Milliarden Jahren begann und noch Milliarden von Jahren weitergehen wird, auch wenn es vielleicht schon lange keinen *Homo sapiens* mehr gibt. In unserer Galaxie, der Milchstraße, entstehen und vergehen rund 10 Sterne pro Jahr. Im ganzen Universum sind es Zehntausende pro Sekunde. Eine Unzahl von Planeten kreisen um ihre Zentralsterne, die allermeisten wohl für immer unbewohnt. Andere Galaxien mit Hunderten von Milliarden Sternen drehen sich in Hunderten von Millionen Jahren um ihre eigene Achse und werden vergehen. Wir sind Teil dieser Entwicklung an einem scheinbar unbedeutenden Ort im Kosmos, sechsundzwanzigtausend Lichtjahre vom Zentrum der Milchstraße entfernt. Wir treten in diese Entwicklung ein, sobald wir existieren, nehmen daran teil und verschwinden wieder. In diese Entwicklung ist unsere Spezies ungefragt hineingestellt wie der einzelne Mensch in die Fährnisse der irdischen Geschichte. Wir sind eine von rund 350 000 Generationen, seit sich die Gattung der *Homo* von jener der Schimpansen getrennt hat. Zwar nehmen wir teil, schwimmen aber mit wie in einem riesigen Strom von Zeit.

Es kann vorkommen, dass wir an einem bestimmten Punkt im Leben eine bestimmte Sekunde nicht als selbstverständliche Fortsetzung von 435 Billiarden ($4{,}35 \cdot 10^{17}$) früheren Sekunden seit dem Urknall erleben, sondern als gnädig gewährte Zeit. Dann erfahren wir die Zeit als Schöpfung. Es fällt uns dann vielleicht wie Schuppen von den Augen, dass die Erde und die Menschheit nicht in die Zeit geworfen sind, sondern dem Universum eine gewisse Zeit zugestanden wird. Wir nehmen angesichts unserer beschränkten Lebenszeit allenfalls auch wahr, dass uns persönlich Zeit gegeben ist. Uns wie auch dem Universum ist Zeit geschenkt! Darin sind wir dem ganzen Universum gleichgestellt.

»Geschenkte Zeit« ist ein bildhafter Ausdruck für die Erfahrung, wenn wir Zeit wie ein Geburtstagsgeschenk erleben. Diese alljährliche Situation des Beschenktwerdens liefert das ursprüngliche Bild für die spezielle Erfahrung von Zeit als etwas nicht Selbstverständlichem. Das Ticken der Uhr wird dann nicht als Normalzustand des Universums erfahren. Geschenke sind etwas Besonderes. Es gibt Pflicht- und Verlegenheitsgeschenke. Hier ist jedoch ein Geschenk aus Gnade gemeint, wie wenn ein Besiegter, Verurteilter oder Untergebener aus reiner Milde, auf die er kein Anrecht hat, geschont wird. Es wird uns nochmals eine Sekunde, ein Tag, ein Jahr geschenkt.

In der Metapher des Geschenkes wird der Geber der Zeit zu einer Person. Es soll nicht stören, wenn der Schöpfer menschliche Züge hat. Wie sollte man sonst von der schöpferischen Kraft sprechen, wenn nicht in anthropomorphen Bildern? Es ist jedoch wichtig zu bemerken, dass der Schöpfer keine für sich alleinstehende Metapher ist. Wir reden hier nicht vom Universum im Allgemeinen und denken uns Gott hinzu. Der Zeitgeber gehört ins große Gesamtbild vom Beschenktwerden, zu dem auch die Beschenkten gehören. Sie sind es, die das Geschenk entgegennehmen und es als solches erkennen. Wer beschenkt wird, dankt dem Gebenden. Es gibt Psalmverse, in denen Gott gelobt wird inmitten von Verlassenheit und Einsamkeit. Die letzten Worte von Jesus am Kreuz nehmen eine dieser Psalmstellen[81] auf. Das Wort »Loben« gehört zur Wortfamilie »lieben« und kommt von »als lieb erklären«. Loben ist die emotionale Reaktion auf das Beschenktwerden.

Ausblick

Wir betrachten heute das Universum nicht mehr wie im Mittelalter als Bühne für das menschliche Leben, und sicher nicht als die Bühne unserer eigenen körperlichen Existenz. Der menschliche Geist jedoch schweift ungeachtet der Grenze, welche die Lichtgeschwindigkeit setzt, bis zum Rand des beobachtbaren Universums. Das Universum ist nicht die Bühne, sondern das Spiel selbst. Aufgeführt wird nicht nur das menschliche Leben. Das Stück ist eine viel umfassendere, unermessliche Entwicklung, dessen Ziel offen zu sein scheint. Was frühere Generationen mit Vollendung als Ziel dieser Entwicklung gemeint haben, können wir nicht auf den ersten Blick wiederfinden. Auch Vollendung müssen wir als Bild verstehen lernen, als Metapher aus der Tätigkeit eines Künstlers, der sein Werk kreativ bis zum Schluss fertigstellt. Gewiss bewegt sich das Universum, wie auch unser Leben, nicht geradlinig auf ein Ziel hin.

Wie wir unser Leben deuten, so deuten wir auch das Universum. Äusseres und Inneres, Anfang und Ende spannen einen Bogen, und der Sinn muss im Ganzen liegen. Folglich kann sich unsere andauernde Suche nach Sinn nicht mit den Grenzen unserer irdischen Existenz zufrieden geben. Sie fordert uns heraus, uns dem großen Ganzen zu stellen, zu dem wir gehören. Die Welt als Schöpfung zu deuten, heißt, zu begreifen und sich daran zu freuen, dass uns die lebensnotwendigen Dinge von gütiger Hand geschenkt werden.

Abbildung 18: *Der erst wenige zehntausend Jahre alte Protostern AFGL 2591 hat schon die sechzehnfache Masse der Sonne und wächst noch weiter. Er ist 10 000 Lichtjahre entfernt. Der helle Kreis in der Bildmitte ist die auf ihn einfallende Hülle. Nach rechts fließt ein Ausfluss von heißem Gas weg. Das Bild wurde im Infrarot-Licht aufgenommen. AFGL 2591 ist tief in seinem Wolkenkern eingebettet und im optischen Licht nicht sichtbar (Foto: C. Aspin et al., NIRI, Gemini Obs., NSF).*

Epilog

Das James Clerk Maxwell Teleskop steht auf dem höchsten Berg Hawaiis, dem Mauna Kea, 4000 Meter über der Brandung des Pazifischen Ozeans. Der Durchmesser des schüsselförmigen Spiegels ist 15 Meter. Er fängt Strahlung aus dem Weltall auf, unsichtbares Licht mit einer Wellenlänge von einem Millimeter und weniger. Ein Operateur bedient das Instrument. Mit ihm in einem Räumchen, das sich mit dem Teleskop nach den Gestirnen dreht, sitze ich als Beobachter und verfolge den Messverlauf auf dem Bildschirm. Wir beobachten nur nachts, wenn die Luftfeuchtigkeit gering ist und die Erdatmosphäre die Submillimeterwellen besser durchlässt.

Wir versuchen indirekt nachzuweisen, dass AFGL 2591 Röntgenstrahlung aussendet. Auch diese Strahlen werden von der Hülle vollständig absorbiert. Sie produzieren dabei besondere Moleküle, deren Rotationsstrahlung wir mit dem Teleskop entdecken wollen. Ihre Wellenlänge ist so groß, dass sie den Staub und das Gas der Hülle durchdringt und uns als Strahlung zwischen Infrarot und Mikrowellen Botschaft bringen kann.

Es wird eng, ich trete aus dem Beobachterraum und suche meinen Weg ins Freie. Im Freien sind auf dem Berg keine künstlichen Lichter erlaubt, weil sie andere, optische Teleskope stören würden. Der Mond steht nicht am Himmel. Der Glanz des fremdartigen Sternenhimmels überwältigt mich. Ich suche das Sternbild des Schwans, wohin das Teleskop ausgerichtet ist, und ertappte mich beim Gedanken, dass die betreffende Stelle enttäuschend leer und unscheinbar ist. Natürlich ist vom Protostern AFGL 2591, den wir gerade beobachten, nichts zu sehen. Er ist erst im Entstehen begriffen und noch von einer dichten Hülle umgeben, die auf ihn einstürzt. Sie ist nicht durchlässig für das optische Licht, das menschliche Augen sehen könnten. Die dunkle Molekülwolke ist etwa einen halben Finger breit am ausgestreckten Arm und enthält Staub, der das Licht vollständig absorbiert. Der Staub ist das Material, aus dem sich Planeten wie die Erde bilden können, und enthält alle Elemente, die zur Entstehung von Leben notwendig sind.

Wie ich mich vom Teleskop entferne, umhüllt mich die Dunkelheit wie ein Tuch über den Augen. Aber langsam gewöhnen sie sich, und ein Meer von Milliarden Sternen leuchtet mir den Weg. Es ist bitter kalt, ich friere trotz meiner Winterjacke. Gemächlich gehe ich die Straße zum Subaru Teleskop hinauf. Für Tätigkeiten im Alltag, wie auch in diesem Moment, haben wir immer ein Ziel und setzen damit bewusst oder unbewusst einen Sinn voraus. Wir bejahen damit in unserem kleinen Wirkungskreis eine gewisse, sinnvolle Ordnung. Mein unmittelbares Ziel steht fest: der Gipfelkamm des Mauna Kea.

Die kleine Dunkelwolke im Schwan liegt jetzt genau über dem Kraterkegel des erloschenen Vulkans. Sie ist etwa dreitausend Lichtjahre entfernt. Ich versuche mir ihren Aufbau vorzustellen. Aus früheren Beobachtungen im infraroten Licht wissen wir, dass nach unten und oben zwei kräftige Ausflüsse vom Protostern weg durch die kollabierende Hülle schießen. Auch davon ist mit bloßem Auge nichts zu sehen, und wir wissen nicht, was sie dazu treibt. Zu jeder Antwort stellen sich neue Fragen. Es macht den Anschein, als wüssten wir immer weniger, je mehr wir beobachten. Das würde heißen, geht es mir durch den Kopf, dass die naturwissenschaftliche Methode divergiere. Statt, wie seit der Aufklärung erwartet, uns in die volle Klarheit der Erkenntnis zu führen, könnte sie uns vielleicht letztlich nur unsere eigene Ignoranz enthüllen. Möglicherweise ist die Komplexität der Entstehung von Sternen und Planeten so groß, dass wir sie nie ganz entschlüsseln werden.

AFGL 2591 ist noch keine hunderttausend Jahre alt. Der Stern wird viel größer werden als die Sonne. Im Zentrum hat sich bereits 16 Mal so viel wie ihre Masse angesammelt. In der Hülle sind weitere 42 Sonnenmassen ausgemacht worden. Gewiss sind die Details dieses Himmelskörpers nicht von allgemeinem Interesse, aber mir geben sie einen Haltepunkt in der Wirklichkeit. Sie helfen, meine Fragen nach dem wirklich Wichtigen zu ordnen. Folgt etwa die Entstehung eines Sternes wie AFGL 2591 einer unpersönlichen Mechanik, von der auch ich ein Teil bin? Der Protostern, den ich nach Aussehen, Eigenschaften und Geschichte wie einen alten Bekannten kenne, scheint ein Geheimnis zu enthalten, das mit den Geheimnissen meines Bewusstseins und meines Lebens zu tun hat.

Wenn Sterne entstehen, begegnet uns ein unergründliches, aber anscheinend freundliches Universum. Es herrscht freilich keine statische Harmonie. Chaos, Entstehen und Zerfall sind Eckpfeiler der kosmischen Entwicklung und lassen mich erschaudern. In gewissen Augenblicken scheint mir jedoch hinter allem, selbst im Zerfall, ein gütiges Gesicht durchzuschimmern, das verschwindet, sobald ich es genauer fokussieren will. Ist nicht die Komplexität des Lebens mindestens so unentwirrbar? Auch da gibt es Momente von erfahrener Güte. Die Psalmisten vor bald dreitausend Jahren lobten beides, und Loben könnte auch heute die angebrachte Antwort darauf sein.

Der Wind wird schärfer, sobald ich auf den Gipfelgrat komme, wo die optischen Teleskope stehen. Vom Keck Observatorium her tönt das Gesumme der Teleskop-Motoren. Ich kehre um. Im Abwärtsgehen wird mein Blick wieder zur dunklen Wolke im Schwan hingezogen. Sie bleibt geheimnisvoll, aber der Gedanke freut mich, dass wir vieles gemeinsam haben. Vielleicht könnte man es auch Empathie nennen auf Grund einer gegenseitigen Verwandtschaft, die wir mit Teleskopen letztlich nicht ergründen können. Dieses Geheimnis würde meine Arbeit nicht mindern. Im Gegenteil, die wissenschaftlichen Resultate scheinen mir wie prächtige Blumen am Rand eines Weges, den ich vereint mit dem ganzen Universum gehe und dessen Ziel unbekannt ist. Ich fühle mich auf diesem Nachtspaziergang getragen, und mit diesem Gefühl kann ich gut das ganze Universum auf gleiche Weise deuten. Getragensein selbst in den größten Katastrophen ist jene Erfahrung, die ich am engsten mit der Gegenwart Gottes verbinde.

Wie kann die Astronomie mich nach all den Lern- und Berufsjahren immer noch faszinieren? Wenn ich heute als Astrophysiker in den klaren Nachthimmel aufblicke, dünkt es mich, die Sterne strahlten prächtiger, als sie es nach der Schwarzkörpertheorie müssten.[82] Das Geheimnisvolle von damals in der Sahara ist geblieben; gerade weil der Schöpfer nicht sichtbar und sein Plan nicht fassbar ist. Auch die Fragen sind geblieben. Es ist die direkte Wahrnehmung der Wirklichkeit, die mich immer wieder anspricht und zum Fragen anregt. Ich staune nicht mehr wegen der Größe des Universums, bin aber je länger je mehr überwältigt von der simplen Tatsache, dass ich mitten in diesem riesigen, kalten und wilden Weltall in einer blühende Oase meiner selbst bewusst werde.

Anmerkungen

1 In seinem ersten Brief an Richard Bentley schrieb Isaak Newton 1692: »Die Materie außerhalb eines Raumes würde wegen ihrer Schwerkraft von der Materie im Innern gezogen und daher zur Mitte fallen und dort eine große kugelförmige Masse bilden. Ist nun aber die Materie gleichmäßig im unendlichen Raum verteilt, würde sie nie zu einer einzigen Masse sich vereinen, sondern eine unendliche Zahl von Massen bilden, die über große Distanzen verstreut sind im unendlichen Raum. Und so könnten die Sonne und Sterne entstanden sein, angenommen die Materie sei von leuchtender Natur.« In: »Four Letters to Richard Bentley«, vom Author übersetzt aus *Theory of the Universe*, Milton K. Munitz, Glencoe, Il. USA: Free Press 1957, S. 211–212.

2 Eine Zusammenfassung findet man in Michael Hoskin, *The Cambridge History of Astronomy*, Cambridge: Cambridge University Press 1999, S. 190–194.

3 Newtons Gottesvorstellung war durchaus differenziert und keineswegs naiv. In seiner *Philosophiae naturalis Principia mathematica* (Drittes Buch, London, 1687, dt. Übers. Wolfers, Darmstadt: Wissenschaftliche Buchgesellschaft, 1872) sagt er: »Wenn die Fixsterne Zentren sind von anderen [sonnen-]ähnlichen Systemen, müssen diese durch ähnlichen weisen Ratschluss entstanden und unter der Herrschaft des Einen sein. ... Dieses Sein regiert alles. ... Er ist allgegenwärtig, nicht nur virtuell, sondern substantiell, denn Wirksamkeit kann nicht ohne Substanz sein ... Doch als Gleichnis aus dem Leben der Menschheit wird von Gott gesagt, dass er rede, lache, liebe, ... , arbeite, baue.«

4 Winfried Schröder, *Ursprünge des Atheismus, Untersuchungen zur Metaphysik- und Religionskritik des 17. und 18. Jahrhunderts*, Stuttgart: Fromann-Holzboog 1998.

5 Schwarze Löcher sind Regionen im Universum mit immenser Materiedichte, deren große Schwerkraft genügt, alles zurückzuhalten. Selbst Photonen können nicht entweichen. Daher ist die Region von außen betrachtet schwarz. Schwarze Löcher werden S. 53–54 dargestellt.

6 Mark R. Krumholz, Christopher D. Matzner und Christopher F. McKee, *The Global Evolution of Giant Molecular Clouds. I: Model Formulation and Quasi-Equilibrium Behavior*, The Astrophysical Journal, 653, Bd. 1 (2006), S. 361–382.

7 Drehimpuls oder Drall nennt man in der Physik das Maß, mit dem der Schwung einer Drehbewegung gemessen wird. Für ein Massenelement ist der Drehimpuls definiert als das Produkt aus Geschwindigkeit, Masse und Abstand des Massenelements von der Rotationsachse.

8 Victor Hugo, *Œuvres complètes* (Hrsg. S. Gaudon), *Histoire* (Bd.XII), *Choses vues*, Paris: Robert Laffont 1987, S. 686.

9 »Majestät, ich hatte diese Hypothese nicht nötig.«

10 Die Katastrophen-Hypothese zur Planetenentstehung wurde ursprünglich 1749 von Georges Louis Leclec de Buffon vorgeschlagen, der einen großen Kometen als Auslöser der Planetenentstehung vermutete. Die Kollisions-Hypothese blieb bis Mitte des letzten Jahrhunderts bestehen, als Hannes Alfvén die kosmische Bedeutung von Magnetfeldern bemerkte.

11 Francesca Bacciotti, Thomas P. Ray, Reinhard Mundt, Jochen Eislöffel und Josef Solf, *Hubble Space Telescope/STIS Spectroscopy of the Optical Outflow from DG Tauri: Indications for Rotation in the Initial Jet Channel*, Astrophysical Journal 576, Bd. 1 (2002), S. 222-231.

12 Michel Mayor und Didier Queloz, *A Jupiter-Mass companion to a Solar-Type Star*, Nature 378 (1995), S. 355–359.

13 Pascal Stäuber, Steven D. Doty, Ewine F. van Dishoeck, Jes K. Jørgensen, Arnold O. Benz, *Water Destruction by X-rays in Young Stellar Objects*, Astronomy and Astrophysics, 453 (2006), S. 555–565.

14 Das Wort »Urknall« wird heute in zwei Bedeutungen verwendet: Die einen bezeichnen damit ein Modell, gemäß dem das Universum aus einem heißen, dichten Zustand explosionsartig zu expandieren begann. Andere meinen damit eine hypothetische Singularität mit mathematisch unendlich großer Dichte und Temperatur am Anfang dieser Expansion zur Zeit null. Hier wird der Begriff in seiner ersten, älteren Bedeutung verwendet. Das Urknallszenario, nicht aber die Singularität, ist in der Fachwelt weitgehend akzeptiert, wenn auch gewisse Details des heutigen Standardmodells durchaus umstritten sind.

15 Die Ikonostase ist eine zur Andacht mit Ikonen reich geschmückte Holzwand.

16 Im Original: »I can live with doubt and uncertainty and not knowing. I think it's much more interesting to live with not knowing than to have answers which might be wrong.« Richard Feynman, in *The Pleasure of Finding Things Out: The Best Short Works of Richard Feynman*, J. Robbins, ed. Perseus Books, Cambridge, Massachusetts, USA (1999), übersetzt vom Autor.

17 Übersetzt vom Autor aus Walt Whitman, *Leaves of Gras*, 1855, neue Auflage New York: Bartleby Com. 1999, S. 180. Zuerst erschienen in einem Artikel des Autors in *Die Stille der Sterne*, in: Physik, Kosmologie und Spiritualität – Dimensionen des Dialogs zwischen Naturwissenschaft und Religion, Hrsg. H. Meisinger und J. Schmidt, Frankfurt: Peter Lang 2006, S. 156.

18 Gemäß Konrad Schmid, Zeitschrift für die alttestamentliche Wissenschaft 114 (2002), S. 21–39 ist der eigentliche Sündenfall der Brudermord. Daher muss die zweite Schöpfungsgeschichte der Bibel bis und mit Genesis 4 gelesen werden.

19 Meine Informationen verdanke ich Herrn Prof. Dr. Paul Michel (Zürich) persönlich und seinem Buch *Physikotheologie: Ursprünge, Leistungen und Niedergang einer Denkform*, Zürich: Beer 2008.

20 Exodus 3,14.

21 Georg Christoph Lichtenberg (1742–1799).

22 Karl Barth, Vorwort zur Schöpfungslehre, *Kirchliche Dogmatik* III/I, S. II, 1945.

23 Die naturwissenschaftliche Beweisbarkeit von religiösen Aussagen wird auch von Frank J. Tipler vertreten in: *Die Physik der Unsterblichkeit – Moderne Kosmologie, Gott und die Auferstehung der Toten*, München: Piper 1994.

24 Nach Artur Weiser, *Die Psalmen*, Göttingen: Vandenhoeck & Ruprecht 1987, S. 64.

25 Zum Beispiel in den Psalmen 19 und 104.

26 Hans Weder weist bezüglich primärer Schöpfungserfahrungen auf ein Wort von Jesus hin: »Schaut auf die Vögel des Himmels: Sie säen nicht, sie ernten nicht … und euer himmlischer Vater ernährt sie. … Lernt von den Lilien auf dem Feld, wie sie wachsen: Sie arbeiten nicht und spinnen nicht. Ich sage euch aber: Selbst Salomo in all seiner Pracht war nicht gekleidet wie eine von diesen.« (Mt 6,26-29) in *Kosmologie und Kreativität*, Jürgen Audretsch und Hans Weder, Leipzig: Evangelische Verlagsanstalt 1999, S. 66.

27 Antony Flew, *New Essays in Philosophical Theology*, hrsg. v. Antony Flew und Alasdair MacIntyre, New York 1955, S. 96. Nach einer früheren Erzählung von John

Wisdom in: *Gods*, Proceedings of the Aristotelian Society, 1944. Deutsch in Ingolf U. Dalferth, *Sprachlogik des Glaubens*, München: Kaiser 1974, S. 84.

28 Jürgen Moltmann bemerkte zum Wahrnehmen der Schöpfung: »Die Erkenntnis der Natur als Gottes Schöpfung ist teilnehmende Erkenntnis.« *Gott in der Schöpfung. Ökologische Schöpfungslehre*, München: Kaiser 1985, S. 17.

29 Klaus-Peter Schröder und Robert Connon Smith, *Distant future of the Sun and Earth revisited*, Monthly Notices of the Royal Astronomical Society, Bd. 386 (2008), S. 155–163.

30 I.-Juliana Sackman, Arnold I. Boothroyd und Kathleen E. Cramer, *Our Sun. III. Present and Future* Astrophysical Journal 418 (1993), S. 457–468.

31 Leslie W. Looney, John J. Tobin und Brian D. Fields, *Radioactive probes of the supernova-contaminated solar nebula: Evidence that the Sun was born in a cluster*, Astrophysical Journal, Bd. 652 (2006), S. 1755–1762.

32 Nach J. Huw Davies, *Did a mega-collision dry Venus' interior?* Earth and Planetary Science Letters 269 (2008), S. 376–383.

33 D. Nesvorný, D. Vokrouhlický, W. F. Bottke, B. Gladman und T. Häggström, *Express delivery of fossil meteorites from the inner asteroid belt to Sweden*, Icarus 188 (2007), S. 400–413.

34 Patrik Michel, Paolo Farinella und Christiane Froeschlé, *Dynamics of Eros*, Astronomical Journal 116, 1998, S. 2023–2031.

35 Narciso Benítez, Jesús Maíz-Apellániz und Matilde Canelles, *Evidence for Nearby Supernova Explosions*, Physical Review Letters 88 (2002), Art.-Nr. 081101.

36 Joe Kirschvink, *Snowball Earth*, in: *The Proterozoic Biosphere* (Hsgs. J. W. Schopf und C. Klein), Cambridge University Press, New York, 1992, S. 226.

37 A. V. Gurevich und K. P. Zybin, *High energy cosmic ray particles and the most powerful discharges in thunderstorm atmosphere*, Physical Letters A 329 (2004), S. 341–347.

38 Rainer Gersonde, Frank T. Kyte, T. Frederichs, U. Bleil und Gerhard Kuhn, *New Data on the Late Pliocene Eltanin Impact into the Deep Southern Ocean*, Geophysical Research Abstract 7 (2005), S. 2449.

39 Blaise Pascal, *Gedanken*, dt. Übers., Stuttgart: Reclam 1956, S. 14.

40 Blaise Pascal verwendet hier nicht zufällig den Anrufnamen Gottes, der Mose gegeben wurde in Exodus 3,15 im Anschluss an die Selbstoffenbarung Gottes.

41 Zum Beispiel Albert Einstein in Max Jammer, Konstanz: Universitätsverlag 1995, S. 51.

42 Eines der 7 Grundgesetze des sagenumwobenen alt-ägyptischen Weisen oder Gottes Hermes Trismegistos. Das Grundgesetz »Wie oben, so unten; wie unten, so oben« war wichtig in der Alchemie und lebt auch heute noch in der Esoterik weiter. Es ist ausführlich beschrieben in: *M. Eliade, Geschichte der religiösen Ideen* Band 3, Kapitel 1, Freiburg: Herder 1984, S. 149.

43 Paul Ricœur relativierte die scharfe Trennung mit dem Hinweis, dass kein tieferes Verstehen ohne Erklären möglich ist. So zum Beispiel in: *Du texte a l'action, Essais d'herméneutique II*, Paris : Edition du Seuil 1986, S. 161–182. Hans Weder (*Neutestamentliche Hermeneutik*, Zürich: TVZ 1986, S. 120) entgegnet der scharfen Trennung mit: »ein Verstehen ohne die Dimension des Erklärens kann es nicht geben«.

44 Zum Beispiel Carl Friedrich von Weizsäcker in: *Die Geschichte der Natur*, Zürich: Hirzel 1948.

45 Die Funktion von Mustern und Metaphern in religiösen Wahrnehmungen wird diskutiert in: A. Benz, *Die Zukunft des Universums – Zufall, Chaos, Gott?*, Düsseldorf: Patmos 7. Aufl. 2012, S. 171–177.

46 Jacques Monod, *Zufall und Notwendigkeit, Philosophische Fragen der modernen Biologie*, München: Piper 1971.
47 Kurt Gödel formulierte seinen Unvollständigkeitssatz in verschiedenen Varianten. Die bekannteste lautet: »Jedes hinreichend mächtige formale System ist entweder widersprüchlich oder unvollständig.«
48 Naturwissenschaftlich orientierten Leserinnen und Leser sind Wolfhart Pannenbergs *Beiträge zur systematischen Theologie*. 2. Band (Göttingen: Vandenhoeck & Ruprecht 2000) zu empfehlen. Eine Zusammenfassung findet man in seinem Artikel *Theologie der Schöpfung und Naturwissenschaft*, in: Mensch und Universum, Hrsgg. Johannes Dorschner u. a., Regensburg: Pustet 1995, S. 146–162.
49 Frei übersetzt nach R. P. Feynman, R. B. Leighton und M. Sands, *The Feynman Lectures*, Vol. III, Reading, MA, USA: Addison-Wesley 1965, S. 112.
50 Vgl. Ingolf U. Dalferth, *Gedeutete Gegenwart*, Tübingen: Mohr Siebeck 1997, S. 188.
51 Vgl. Dietrich Korsch, *Dogmatik im Grundriss*, Tübingen: Mohr Siebeck 2000, S. 191–196.
52 Pierre Bühler weist darauf hin, dass Naturwissenschaft und Glaube ein offenes, interaktives System sind. In: *Science et foi font système*, Genf: Labor et Fides 1992, S. 74–76.
53 Stéphane Udry et al.: *The HARPS search for southern extra-solar planets XI. Super-Earths (5 and 8 M_{Earth}) in a 3-planet system*, Astronomy and Astrophysics 469 (2007), S. L43–L47.
54 Immanuel Kant unterscheidet den Vernunftsursprung vom Zeitursprung (Kausalität). Mit Vernunftsursprung ist die Bedingung der Möglichkeit, z. B. von Sternentstehung, gemeint. In: *Die Religion innerhalb der Grenzen der blossen Vernunft*, Akad. Ausgabe, Bd. 6, S. 39.
55 Nach dem gleichnamigen Buch von Fritjof Capra, *Der kosmische Reigen. Physik und östliche Mystik – ein zeitgemäßes Weltbild*, Bern: Barth 1977, S. 7.
56 Hans Weder, *Kosmologie und Kreativität*, Leipzig: Evangelische Verlagsanstalt 1999, S. 57.
57 Das Entstehen von Neuem aus thermischen Schwankungen wird von Ilya Prigogine ausführlich beschrieben in *Vom Sein zum Werden*, München-Zürich: Piper 1992, S. 135.
58 Alfred North Whitehead sagt in *Process and Reality*, New York: Free Press 1969, S. 125: »Life is robbery« und verallgemeinert es später auf sämtliche Entwicklungsvorgänge.
59 In Erweiterung der bekannten ethischen Maxime von Albert Schweitzer auf die Dynamik der Entwicklung, inklusive der unbelebten Materie.
60 Der bekannte Satz, »Auch wenn ich wüsste, dass morgen die Welt zugrunde geht, würde ich heute noch einen Apfelbaum pflanzen«, wird Martin Luther zugeschrieben. Der erste schriftliche Nachweis ist allerdings erst 1944 zu finden.
61 Jürgen Moltmann spricht von einer Hoffnung als »Hort geschichtlich wirksamer, aktivierender Hoffnungskraft« in *Theologie der Hoffnung. Untersuchungen zur Begründung und zu den Konsequenzen einer christlichen Eschatologie*, Gütersloh: Gütersloher Verlagshaus 1964, S. 313.
62 Vgl. Ina Praetorius, *Handeln aus der Fülle*, Gütersloh: Gütersloher Verlagshaus 2005.
63 Nach Walter Klaiber, *Schöpfung – Urgeschichte und Gegenwart*. Göttingen: Vandenhoeck & Ruprecht 2005, S. 49, und Gerhard von Rad, Das erste Buch Mose, Genesis. Das Alte Testament Deutsch, Göttingen: Vandenhoek & Ruprecht 1972, S. 50 ff.
64 Nach Siegfried Schulz, *Das Evangelium nach Johannes*. Das Neue Testament Deutsch, Göttingen: Vandenhoeck & Ruprecht 13. durchgesehene Auflage 1975.

65 Dazu John Gatta, *Making Nature Sacred*, Oxford: Oxford University Press 2004, S. 242.

66 Samuel Vollenweider, *Wahrnehmung der Schöpfung im Neuen Testament*, Zeitschrift für Pädagogik und Theologie 55 (2003), S. 246–253.

67 Hans Weder, *Widerspiegelung der Kreativität*, in: Forum Theologische Literaturzeitung, Bd.1, Kosmologie und Kreativität, Leipzig: Evangelische Verlagsanstalt 1999, S. 56–59.

68 Das Bild wird dem Philosophen Edmund Husserl (1859–1938) zugeschrieben.

69 So wurde zum Beispiel die Stringtheorie als »Theory of Everything« bejubelt im Gegensatz zu Kritikern, welche sie als »Theory of Nothing« betitelten.

70 Eugene P. Wigner, *The Unreasonable Effectiveness of Mathematics in the Natural Sciences*, Communications on Pure and Applied Mathematics 13/1, New York: John Wiley 1960.

71 Steve K. Lamoreaux, *Washing Up with Hot and Cold Running Neutrons: Tests of Fundamental Physical Laws*, AIP Conference Proceedings 769 (2005), S. 674–677. Sowie auch Michael T. Murphy, J. K. Webb und V. V. Flambaum, *Revision of VLT/ UVES constraints on a varying fine-structure constant*, Monthly Notices of the Royal Astronomical Society 384 (2008), S. 1053–1062.

72 Brandon Carter, *Large number coincidences and the anthropic principle in cosmology*, in: Confrontation of Cosmological Theory with Observational Data (Hrsg. M. S. Longair), Dordrecht: D. Reidel Publishing 1974, S. 291–298.

73 Kritik aus theologischer Sicht liefert Dirk Evers, in *Raum - Zeit - Materie*, Tübingen: Mohr Siebeck 2000.

74 Über die philosophischen Hintergründe der Diskussion siehe Hans-Dieter Mutschler, *Intelligent Design - spricht die Evolution von Gott?*, Herder Korrespondenz 59, 10 (2005) 497–500.

75 Hebräerbrief 11, 1.

76 Darauf hat zum Beispiel Jürgen Moltmann hingewiesen in *Gott in der Schöpfung*, München: Kaiser 1985, S. 19. Besonders hervorzuheben sind auch die Theologen Pierre Teilhard de Chardin, Karl Heim, Wolfhart Pannenberg und Klaus P. Fischer, die ernsthaft und im Dialog mit den modernen Naturwissenschaften sich neu mit der christlichen Tradition auseinandergesetzt haben.

77 »Le silence éternel de ces espaces infinis m'effraie.« Blaise Pascal, *Gedanken*, dt. Übers., Stuttgart: Reclam 1956, S. 37.

78 Ilya Prigogine, *Vom Sein zum Werden*, München–Zürich: Piper 1979.

79 Stephen W. Hawking, *Eine kurze Geschichte der Zeit*, Reinbek: Rowohlt 1991.

80 Hans Weder, *Kosmologie und Kreativität*, Leipzig: Evangelische Verlagsanstalt 1999, S. 68.

81 Psalm 22,2 und 22, 26ff.

82 Nach Jürgen Moltmann: »Die Vögel singen schöner, als sie nach Darwins Theorie müssten.«

Dank

Die Astronomie entwickelt sich heute mit noch nie da gewesenem Tempo dank immer besserer Beobachtungsinstrumente. Die Fachliteratur ist randvoll von faszinierenden Neuigkeiten. In der Theologie entstehen neue Ideen in der Diskussion oder im Diskurs. Sie entwickeln sich aus alten Vorstellungen oder in Opposition zu früheren. Das Gespräch ist daher wichtig in der Theologie und auch für den interdisziplinären Dialog mit den Naturwissenschaften. Ich habe viel gelernt in Diskussionen mit Theologen und möchte mich insbesondere bei den Professoren Pierre Bühler, John Gatta, Michael Nausner, Konrad Schmid und Samuel Vollenweider bedanken. Sie haben mir geholfen, mich in den verschiedensten Räumen ihrer Wissenschaft zurechtzufinden. Zusammenkünfte des Zürcher Kompetenzzentrums Hermeneutik und der ökumenische Arbeitskreis für Schöpfungstheologie in Solothurn lieferten ebenfalls vielerlei Anregung. Kollege Ralph Neuhäuser hat das Manuskript auch von der astrophysikalischen Seite her kritisch gelesen. Herzlich danken möchte ich Elisabeth Benz (verstorben), Maja Pfaendler und Alfred Ringli (verstorben) für ihre hilfreichen Anmerkungen zum Entwurf.

Namen- und Sachverzeichnis

Jakob Kilchenmann
Mathematische Exkursionen
462 Seiten, gebunden
ISBN 978-3-908152-49-1

«64 Exkursionen für den mathematisch interessierten Leser»

Die Reise erfordert zwar gewisse Vorkenntnisse, liefert aber auch sämtliche Voraussetzungen für ein umfassendes Verständnis. Sie führt über wesentliche Grundlagen (wie Logarithmen, komplexe Zahlen, Differenzial- und Integralrechnung, Vektorrechnung einschliesslich der sphärischen Trigonometrie) zu vielfältigen Anwendungen, insbesondere aus der Physik und aus der Himmelsmechanik. Behandelt werden das Kopfrechnen mit Logarithmen, die Fibonacci-Zahlen, die Mercator-Projektion, die kubischen Gleichungen, die Stirling-Formel, das benfordsche Gesetz, die keplerschen Gesetze, das RSA-Kryptosystem und vieles mehr.

Der Zugang ist pragmatisch und informell, die Auswahl der Exkursionsziele folgt lustvoller Willkür. Aufgrund der Systematik und zahlreicher Querverweise bleibt die Einheit der Materie gewahrt.

Insgesamt eine ideale Lektüre für Schlechtwettertage oder den Rückzug auf die einsame Insel.